JN240416

アクティベート
保育学

06

汐見稔幸・大豆生田啓友［監修］

保育内容総論

大豆生田啓友・北野幸子・砂上史子［編著］

ミネルヴァ書房

シリーズ刊行にあたって

　幼稚園教育要領、保育所保育指針、幼保連携型認定こども園教育・保育要領が改訂（定）されました。この3文書の改訂（定）は、わが国の乳幼児教育・保育の世界にとって、とても大きな意味をもっています。たとえば、幼稚園・保育所・認定こども園には共通の教育機能があることが明示されたこと、「子ども主体の遊びが学び」だという乳幼児教育・保育の考え方を踏まえたうえで、小学校以降の教育への接続を図ることがより明確化されたこと等々があげられます。

　それは、乳幼児期の保育の質の重要性を明らかにした研究や世界的な動向、子ども・子育て支援新制度の流れを受けた、すべての園が質の高い教育・保育を保障することをより具現化する改訂（定）でもあります。つまり、これからの時代は、すべての園が、子ども主体の遊びを通した学びを保障することがより求められるのです。

　そして、この改訂（定）を受けて、幼稚園教諭の教職課程にはコアカリキュラムが導入され、保育士養成課程も改訂されました。本シリーズはこのような動向を踏まえ、新しい時代の学力観に基づいた保育者養成を見据えた内容と構成となるように考えました。

　そこで、本シリーズにおいては、学生が身近なWORKを通して、主体的・対話的に学べるように、そして深い学びへとつながるような工夫を行っています。学生自身が、子どもや保育の学びに主体的に、ワクワクしながら、時には教室を離れて、仲間と協同的に学ぶことができることを目指しました。

　子どもの保育に関わる世界はとても魅力的なものです。保育って、最高におもしろいのです。どうか、このテキストが、学生のみなさんにワクワクしながら使ってもらえることを期待しています。

　2019 年 2 月

監修者　汐見稔幸・大豆生田啓友

2017（平成29）年に幼稚園教育要領，保育所保育指針，幼保連携型認定こども園教育・保育要領が改訂（改定）されました。それらは，すべての幼児が良質な保育を受けられるようにするため，あるいはすべての園での保育の質を高めていくために作られているものです。

「保育内容」と聞いて，みなさんはどのようなイメージを持たれるでしょうか。ぜひ，授業で友達と自分のイメージを出し合ってみてください。それが，園で経験する保育の内容と考えた時，みなさんがイメージする内容とは具体的にどのようなものでしょうか。

おそらく多くの人は，自分が園で経験したことを想像するでしょう。たとえば，鬼ごっこやままごと遊び，折り紙や粘土，劇活動，砂場遊びなどの遊びを思い浮かべる人もいるでしょう。運動会や発表会，誕生会などの行事をあげる人もいるでしょう。また，お昼寝，給食やお弁当，着替えなどの生活場面にかかわることを思い浮かべる人もいるかもしれません。

このように，保育内容と言っても実に多岐にわたることがわかります。では，保育ではそれらの遊びや活動をさせればそれでよいのでしょうか。単純にそうとは言えません。冒頭で3つの要領・指針について触れたように，その保育内容は質の高いものでなければなりません。それは，子どもの視点で見てよりよい内容であることが不可欠です。

その意味で，この「保育内容総論」は，子どもにとってよりよい保育内容とは何かについて考えるためのテキストです。何が子どもにとってよりよい保育内容なのかを探求していけるよう，様々な視点から学ぶことができる構成となっています。また，幼稚園教諭および保育士の免許・資格取得に対応した養成課程に示された内容を網羅しています。もちろん，3つの要領・指針に対応した内容です。保育者を志すみなさんが，素敵な幼稚園教諭・保育士になるた

めに活用いただければ幸いです。また，現役の保育者が改めて保育内容を学ぶ
にも十分にふさわしい内容になっていますので，保育の質を高めるために，ぜ
ひ現場の方々にも活用いただきたいと思います。

2024年6月

編著者を代表して　大豆生田啓友

目　　次

はじめに

第1章　遊びの原理と保育内容　　1

1　幼児の主体的な活動が尊重される保育 ……………………………3
- 1　安定した情緒の下で自己を十分に発揮　4
- 2　主体的な活動を促す　4
- 3　ふさわしい生活の展開　5

2　養護と教育が一体的な保育 ……………………………………5
- 1　「養護」の内容とは　6
- 2　「教育」の内容とは　7
- 3　「養護と教育が一体的」とは　7

3　環境を通して行われる保育 …………………………………7
- 1　「環境」とは何か　9
- 2　計画的に環境を構成する　9
- 3　子どもの主体性と保育者の意図　10

4　遊びを通しての総合的な保育 ………………………………10
- 1　遊びとは何か　12
- 2　遊びによる総合的な指導・援助　12

5　一人一人の発達の特性に応じた保育 …………………………12
- 1　一人一人の発達の特性　14
- 2　一人一人と集団の育ち合い　14

第2章 保育の基本と保育内容　17

1 要領・指針に基づく保育の基本………………………………………19
2 要領・指針で育むもの………………………………………………20
　1 見方・考え方 20
　2 「育みたい資質・能力」 23
　3 幼児期の終わりまでに育ってほしい姿 24
　4 遊びを通しての総合的指導における保育者の役割 28
3 要領・指針の各年齢段階の保育内容…………………………………30
　1 乳児の保育内容 30
　2 1歳以上3歳未満児の保育内容 32
　3 3歳以上児の保育内容 34
　4 2017年の改訂（改定）における新たな保育内容 36

第3章 保育内容と子ども理解　39

1 保育における「子ども理解」とは……………………………………41
　1 目の前の子どもの姿を捉える「子ども理解」 41
　2 子どもの内面に迫る「子ども理解」 43
　3 「子ども理解」から保育者としての援助を考える 44
2 「子ども理解」と評価…………………………………………………45
　1 「子ども理解」に基づく保育の評価 45
　2 「子ども理解」に基づく子どもの評価 46
3 子どもの育ちを理解する………………………………………………48
　1 遊びの様子から子どもの育ちを捉える 48
　2 遊びの中での経験を分析的に捉える 50
　3 子どもを多角的に捉えるために 51
　4 子ども理解のための観察と記録 52

第4章　発達を見通した指導計画の作成の理解　　55

1 指導計画の基本的な考え方 ………………………………………… 57

　　1 子どもたちが元気に育つための方法としての計画　57

　　2 子どもの姿をどう見るかのポイント　58

　　3 保育活動のツールとしての指導計画　59

　　4 指導計画の修正・改善　59

2 長期と短期の指導計画 ……………………………………………… 60

　　1 2つの視点から見た発達の支援　60

　　2 長期指導計画で考慮すること　60

　　3 短期指導計画で考慮すること　62

　　4 2つの指導計画が絡み合って子どもの姿を現す　64

3 個々の子どもの姿からの指導計画作成 ………………………… 65

　　1 指導計画作成の手順　65

　　2 指導計画作成にあたって考慮すべきポイント　66

4 指導計画の効果的な評価 ………………………………………… 67

　　1 発達をわかりやすく表現する評価　67

　　2 指導計画を調整・改善すると評価が進化する　69

5 子どもと行事 ……………………………………………………… 70

　　1 行事の意義と保育園での取り組み　70

　　2 行事は「まず楽しく」　71

第5章　事例で学ぶ　保育の基本的な考え方　　75

1 環境を通して行う保育 ……………………………………………… 77

2 生活や遊びを通しての総合的な保育 …………………………… 80

3 子どもの主体性を尊重する保育 ………………………………… 82

4 個と集団の発達を踏まえた保育 ………………………………… 84

5 養護及び教育を一体的に行う保育 ·································· 86

第**6**章　事例で学ぶ　生活や遊びを通しての総合的な保育と領域　91

1 保育者と一緒にやってみたいことに出合う ························· 93
2 家庭での体験を再現する ······································· 94
3 「やってみたいけど，やりたくない」葛藤を乗り越える········· 97
4 繰り返しと予想外のことに出合うこと ······················· 100
5 リレーを通して仲間意識を高める····························· 103

第**7**章　事例で学ぶ　年齢による主な姿と保育内容①　109
0・1・2歳児

1 0歳児クラスの保育内容と実践································· 111
　　1　周囲の大人の応答的な関わり　111
　　2　「子ども主体」を尊重した生活の援助　112
　　3　0歳児の姿　114
2 1歳児の保育内容と実践 ····································· 116
　　1　主体性を尊重した生活の援助　116
　　2　1歳児の遊び　117
3 2歳児の保育内容と実践 ····································· 118
　　1　子どもの「やってみよう」とする気持ちを尊重した生
　　　　活の援助　118
　　2　2歳児の遊び　119

第**8**章　事例で学ぶ　年齢による主な姿と保育内容②　123
3・4・5歳児

1 気持ちの安定による自己発揮から他者の思いへの気付きへ ·····125

2　イメージの深まりや遊びの広がりと試行錯誤 ……………………128

3　生き物への想いから問題解決をめざす ……………………………131

4　仲間のみんなが納得する解決策を見出す ………………………134

5　子どもの経験を支える保育実践のために ………………………139

第9章　事例で学ぶ　家庭や地域との連携　　143

1　現代社会における親の子育ての状況と園に求められる役割 ……145

2　「共に育てる」ための家庭との連携に向けて ……………………147

　　　1　園と家庭による情報交換　147

　　　2　子どもの育ちを写真で伝える　149

　　　3　どのような写真を撮るのがよいのか　150

　　　4　劇遊びのプロセスを伝えた事例　150

3　家庭との連携から地域との連携へ……………………………152

　　　1　子どもの保育における家庭や地域との連携事例　152

　　　2　親の積極的参加から地域に広がっていく事例　153

　　　3　地域で共に育てる関係へ　154

第10章　事例で学ぶ　小学校との接続　　157

1　幼児期の教育と小学校教育をつなぐことがなぜ大切なのか ……159

2　スタートカリキュラムとは …………………………………………160

　　　1　低学年教育の充実　160

　　　2　幼児期の終わりまでに育ってほしい姿を踏まえた指導
　　　　　を工夫する　161

3　スタートカリキュラムの授業実践について学ぶ………………167

　　　1　手応え感覚を大切にする　167

　　　2　安心して自己発揮できる環境構成やわくわく感を大切

にする　170

  3　考えないスイッチが入らないような言葉をかける　173

第11章　事例で学ぶ　多様な保育と保育内容　177

1　長時間保育 ･･ 179

　　1　一人一人が安心できる場で過ごす　179

　　2　遊びの内容　180

　　3　職員の連携　181

　　4　心地よい生活リズムを支える　182

2　異年齢の子どもたちが関わって過ごすということ ･･････････ 183

　　1　見て学ぶ　184

　　2　真似っこが楽しい　185

　　3　ほどよい距離感　186

3　特別な配慮を要する子どもの保育 ･･････････････････････ 187

4　多文化共生の保育 ･･･････････････････････････････････ 189

5　緊急事態の対応 ･･････････････････････････････････････ 190

第12章　保育内容を深める遊びと教材　193

1　保育内容を深める教材とは ････････････････････････････ 195

2　遊びと教材 ･･ 196

3　遊びを見る視点 ･･････････････････････････････････････ 199

4　教材研究を生かした指導案作り ･･････････････････････ 202

第13章　保育の基本と保育内容の歴史的変遷　209

1　日本の保育の歴史と保育内容……………………………………………211

　1　保育施設の開設へのあゆみ　211

　2　東京女子師範学校附属幼稚園　213

　3　教育令　213

　4　幼稚園保育及設備規定　214

　5　幼稚園令（勅令）　214

2　保育の制度化と保育内容の変遷………………………………………215

　1　「保育要領――幼児教育の手引き」（1948年）　215

　2　保育指針（1952年）　217

3　要領・指針の刊行の背景と保育内容の変遷………………………218

　1　幼稚園教育要領（1956年）　218

　2　幼稚園教育要領（1964年）　219

　3　保育所保育指針（1965年）　219

4　要領・指針の改訂（改定）の背景と保育内容の変遷……………220

　1　幼稚園教育要領（告示）（1989年）　220

　2　保育所保育指針（通知）（1990年）　222

　3　幼稚園教育要領（告示）（1998年）　223

　4　保育所保育指針（通知）（1999年）　223

　5　幼稚園教育要領，保育所保育指針（告示）（2008年）　224

　6　幼稚園教育要領，保育所保育指針，幼保連携型認定こ
　　　ども園教育・保育要領（告示）（2017年）　226

第 1 章

遊びの原理と保育内容

● ● ● 学びのポイント ● ● ●

- 保育の内容は養護と教育が一体的であることを学ぶ。
- 子どもの主体性が尊重されることの大切さを学ぶ。
- 環境を通して行われる保育，遊びを通しての総合的な保育，一人一人の発達の特性に応じた保育について学ぶ。

WORK　子どもの目線で遊んでみよう！

　乳幼児期の保育内容は，子どもの主体的な「遊び」を中心にして行われます。「遊び」の重要性について学ぶためには，自分自身が子どもになって遊ぶことで，心と身体で実感することが大切です。そこで，以下，3つのワークを子どもの気持ちになって行ってみましょう。

① 　光る泥だんご作りに挑戦してみましょう。まずは，土のある場所を探し，用意するものは水と白砂（実際には土が乾燥して粉のようになったもの），磨くための布（ジャージの布等）です。子どものように作って，見せ合ってみましょう。そして，それを作る中で，子どもは何を感じたり，学んだりしているかについて話し合ってみましょう。

② 　子どもの頃に面白かった鬼ごっこやわらべうた遊びにはどのようなものがあるか意見を出し合って，安全に走れるような場所でみんなでやってみましょう。実際におもいきり遊んだあと，そこで感じたこと，子どもはそこで何を学んでいるかについて意見を出し合ってみましょう。

③ 　自分の家を保育園に見立て，周辺30分圏内で子どもが面白がりそうなモノ・場所等の写真を撮り，お散歩マップを作ってみましょう。地図を書き，撮った写真を貼り，そこに吹き出しで，こんな風に子どもは楽しみそうだなどの思いを書きこんでみましょう。草花や生き物，町中のマンホールのふたや階段の段差など，子ども目線でユニークな発見ができるかが大切です。完成したら，持ち寄って紹介し合いましょう。自分のマップだけではなく，他の人のマップも見ながら，子どもは散歩で何を感じ，そこからどのように遊びや活動につながるかについても話し合ってみましょう。

● 導　入 ● ● ● ● ● ● ●

　乳幼児期の保育は「遊び」を中心に行われます。国が2017（平成29）年に幼児教育・保育のあり方を示した幼稚園教育要領，保育所保育指針，幼保連携型認定こども園教育・保育要領では，遊びを基盤とした保育内容について示されています。そこで，第1章では，その3つの要領・指針の基本的な5つの原理を通して，遊びを中心とした保育の原理について考えていきたいと思います。それが，保育内容を考える基盤となっていると言ってもよいでしょう。

● ● ● ● ● ● ● ● ● ●

1 幼児の主体的な活動が尊重される保育

　乳幼児期の保育は，子どもの主体的な活動や主体性を尊重することが大切だと言われます。主体的な活動や主体性を尊重するとはどのようなことでしょうか。幼稚園教育要領第1章「総則」の第1「幼稚園教育の基本」の1には次のように述べられています。

> 　幼児は安定した情緒の下で自己を十分に発揮することにより発達に必要な体験を得ていくものであることを考慮して，幼児の主体的な活動を促し，幼児期にふさわしい生活が展開されるようにすること。

　それでは，その幼児の主体的な活動やふさわしい生活の展開について，具体的な事例を通して考えてみましょう。

エピソード1　虫好きのリョウの姿から（2歳児）
〇セミの抜け殻探しが好き
　2歳児クラスのリョウはなかなか自分の気持ちを出すことが苦手な子です。担任保育者はなかなか遊びださないリョウが気になっていました。どうしたらリョウが積極的に遊びだせるかを考えながらかかわってみました。

すると，リョウは虫が好きだということがわかったのです。そこで，早速，リョウを園庭での虫取りに誘いました。すると，園庭でセミの抜け殻を発見し，リョウは保育者と一緒にセミの抜け殻探しをするのがとても楽しくなってきたのです。

○セミへの興味関心が広がる

　その後，保育者がセミの絵本や図鑑を出してあげると興味津々。実際のセミの抜け殻と絵本に出てくる抜け殻を照らし合わせてみる姿などもありました。さらに，年長児から死んだセミをもらったのがうれしくて，図鑑と照らし合わせて，「（これとこれ）一緒」などと言う姿も出てきました。すっかりセミへの興味関心が高まってきたのです。

○カマキリを飼いたい

　さらに，散歩に行った時に，リョウはカマキリとその抜け殻を発見したのです。みんなからも「すごい」と言われ，園で飼いたいと言い出しました。そこで，飼育ケースを出してあげると，さらに虫への興味が高まり，その虫ブームはリョウだけでなく，クラスにも広がっていきました。

1　安定した情緒の下で自己を十分に発揮

　エピソード1で，初めはなかなか自分を出せずにいたリョウですが，担任保育者がリョウの興味関心を大切にして，虫取りを一緒にしようとはたらきかけたことで，次第に自己発揮しだしたことがわかります。これは，リョウが自分のやりたいことが保障されたことで，「安定した情緒」「自己発揮」がなされ，まさに主体性が発揮されたのです。「安定した情緒」の基盤を作り，「自己発揮」できるようにすることが大切であることがわかります。

2　主体的な活動を促す

　そして，担任保育者は，リョウの虫好きを大切にしながら，もっと虫取りをしたい，もっと虫のことを知りたい，虫を飼育してみたいなど，リョウの「主

体的な活動」を促していることがわかります。そして，リョウの好きな虫取り
に他の子も巻き込んで，主体的な活動が展開していることがわかります。主体
的な活動がリョウだけでなく他の子の経験世界を広げていることがわかります。

3　ふさわしい生活の展開

　この事例のように，その子の気持ちや興味関心に応じて主体的な活動が生ま
れることが，その子（たち）の経験（保育内容）を豊かにしていることがわかり
ます。それが，乳幼児の「ふさわしい生活の展開」なのです。保育者が一方的
に何かをさせたりすることではなく，その子の思いや興味関心などを活かすこ
と，つまり主体性を尊重することで，豊かな保育内容が生み出されるのです。

2　養護と教育が一体的な保育

　また，乳幼児の保育は，「養護と教育」が一体的に行われるものと言われま
す。それはどのようなことでしょうか。保育所保育指針第1章「総則」の1
「保育所保育に関する基本原理」の(1)「保育所の役割」のイには以下のように
記されています。

> 　保育所は，その目的を達成するために，保育に関する専門性を有する職員が，
> 家庭との緊密な連携の下に，子どもの状況や発達過程を踏まえ，保育所における
> 環境を通して，養護及び教育を一体的に行うことを特性としている。

　それでは，「養護と教育を一体的に行う」とはどのようなことか，事例を通
して考えてみましょう。

エピソード2　ソラと栗探し（1歳児）
〇ぐずって登園してくるソラ
　新入園児（1歳児）のソラは，4月，5月と，ぐずって登園する姿があ

りました。母親とも離れがたい様子。そこで，担任保育者は毎朝，ソラを抱っこしたりおんぶしたり，他の子が楽しそうに遊んでいる姿の傍らにいくなど，あの手この手でかかわりました。時間はかかりましたが，5月の後半になると，次第に落ち着いてくる姿がありました。この頃には，すっかり外遊びが大好きになっていきました。

〇散歩でみつけた栗への関心

10月，すっかり園生活が楽しくなってきているソラ。ある日，散歩で青いイガにくるまれた栗を見つけました。保育者が「気を付けてね」と言って，そのイガをとってくれると栗に関心を持ち始めました。そして，保育室に戻ると，保育室にあった絵本『くだもの』（平山和子作，1981年，福音館書店）に載っていた栗のページを持って来て，保育者に見せてくれました。「明日，お散歩で栗探しに行こうか」と言うと，にっこりうなずきました。

〇満足すると，たくさん食べて，よく眠る

翌日，栗を探しに散歩に行きました。ソラのお散歩バッグは栗やどんぐり，まつぼっくりなどでいっぱい。たくさん取れて，とても満足げな表情。園に戻ると，その自然物を何度も触ることを楽しみました。そして，いつもはなかなか気が進まない食事も残さず食べたのです。そして，午睡もなかなか寝付けないことが多かったのですが，この日はぐっすり眠りました。

1 「養護」の内容とは

ソラは入園当初はぐずることが多かったのですが，保育者のていねいなかかわりにより，安心感，信頼感を得て，主体的に遊びだすようになりました。「養護」とは，「生命の保持と情緒の安定をはかること」です。保育者がスキンシップを行い，しっかり受け止めることで「情緒の安定」がはかられています。また，栗拾いで満足感が得られることで，食欲も生まれ，しっかりと睡眠もとれたなど，生活リズムの安定も見られます。

■2■　「教育」の内容とは

　「教育」の内容とは，保育内容の 5 領域（健康，人間関係，環境，言葉，表現）や「幼児期の終わりまでに育ってほしい姿」（10の姿）が該当します。1 歳児のこの事例の中でも，栗という自然物に興味関心を持つ経験（領域「環境」）や，食への意欲や生活リズムの確立（領域「健康」）などとのつながりがあるのです。保育における「教育」とは単なる「教え」「育てる」ことよりも，このような主体的な遊びや生活の中の学びにあると言えます。

■3■　「養護と教育が一体的」とは

　「養護と教育が一体的」とは，毎日の主体的な遊びや生活の中に養護と教育が切り離されずにあるということです。それは，入園当初のぐずる姿を受容することを通して安心感・信頼感が生まれる（養護）と同時に，外遊びへの関心（教育）につながることもそうです。また，栗探しでやりたい気持ちが満たされること（情緒の安定＝養護）が，生活リズムの安定や自然物への興味（健康や環境などの領域＝教育）につながっています。つまり，この養護と教育は，子どもの主体的な遊びや生活の中で一体的なのだということがわかります。

3　環境を通して行われる保育

　次は，「環境を通して行われる保育」です。これはどのようなことでしょうか。幼稚園教育要領の第 1 章「総則」の第 1「幼稚園教育の基本」の冒頭に次のような文章があります。

> 　幼児期の教育は，生涯にわたる人格形成の基礎を培う重要なものであり，幼稚園教育は，学校教育法に規定する目的及び目標を達成するため，幼児期の特性を踏まえ，環境を通して行うものであることを基本とする。

それでは，この「環境を通して行うもの」とはどのようなことか，具体的な事例を通して考えてみましょう。

エピソード3　本物みたいな洋服がつくりたい（3・4・5歳児異年齢クラス）

〇本物みたいな洋服がつくりたい

　子どもたちは春から人形遊び，特に人形に衣装をつくるなどの遊びが大好きでした。そこから，子どもたち自身が着られる洋服をつくりたいという声が上がり始めました。その時期，大きな布を保護者からたくさんいただく機会があり，その布を使いやすい大きさに切り，保育室に置いてみました。すると，早速，一人の子の声からドレスづくりが始まりました。そこで，保育者は衣装づくりの本を保育室に用意しました。すると，クラスの多くの子が洋服づくりに関心を持ち始めたのです。

〇個々のこだわり，リノちゃんのこだわり

　個々の姿が実にユニークです。風になびく（ドレープ感のある）スカートづくりにこだわる子，スカートのひだの細かさにこだわる子，王子様の赤い衣装にこだわる子など，多様な姿が生まれました。そうした中で，これまであまり自分から積極的に遊びに加わることの少なかったリノちゃんも関心があったようです。翌日の母親からの連絡帳には，リノちゃんが衣装づくりで特に人魚をつくりたいという思いがあることを知りました。翌日，衣装づくりの本を紹介すると，人魚姫の尾びれづくりを始めたのです。モノづくりの経験の少ないリノちゃんでしたが，セロテープやハサミなど道具を駆使しながら，自分なりに納得できる衣装がつくれたようです。

〇本づくりから作品展へ

　その後，衣装づくりから，自分たちオリジナルのドレスブックづくりが生まれました。自分たちがつくった衣装を写真に撮って，それを本に貼り付けたり，雑誌等からファッションショーのような写真を貼り付けていくなど，その世界はさらに広がっていきます。そして，それらの作品たちはこの年の作品展に飾られたのです。保護者やたくさんの人と作品を味わい合う姿が見られました。

1 「環境」とは何か

　子どもは周囲の環境を通して育ちます。洋服づくりでは、保護者からもらった大きな布が用意され、それを保育者が子どもたちの使いやすいように保育室に置き、洋服の本が準備され、セロテープやハサミなどの道具、さらには写真を撮って、本がつくれる材料とできる等々、様々な環境が活用されています。つまり、ここでの環境は道具（ハサミ等）、素材（布等）、文化財（本等）など様々なモノがあります。この事例では出てきませんが、遊具や自然などもそうです。さらに、友達や保育者、保護者などの人も環境です。さらに、作品展を行う場や空間も環境です。このような多様な環境を通して子どもは学び、育つのです。

2 計画的に環境を構成する

　子どもは環境を通して育ち、学ぶため、保育者は計画的に環境を構成しています。ここでは、子どもたちの本物のような洋服をつくりたいという声から、保護者にいただいた大きな布を使いやすく保育室に準備しています。さらに、そのイメージが広がるように洋服づくりの本も用意しました。子どもの主体的な活動が展開されるように、一人一人の子どもの興味関心や理解にもとづき、

教材を工夫し，物的空間的環境を計画的に構成しているのです。

3　子どもの主体性と保育者の意図

　このような環境を通した保育は，子どもの主体性と保育者の意図が絡み合っ
てこそ成り立つものです。子どもが主体的に環境にかかわって活動するために，
保育者はモノを用意するだけでなく，時には自分自身も遊びの中に入って，子
どものあこがれのモデルになったりもします。また逆に，リノちゃんが自分で
試行錯誤し始めた時には，意図的にそこには直接的にはかかわらず，自分でそ
れを乗り越えるのを見守るなど，多様なかかわりを行っているのです。

4　遊びを通しての総合的な保育

　乳幼児期の保育は，遊びを通しての総合的な保育によって行われると言われ
ます。遊びによる総合的な保育とはどのようなことでしょうか。幼稚園教育要
領第1章「総則」の第1「幼稚園教育の基本」の2には次のように述べられて
います。

> 　幼児の自発的な活動としての遊びは，心身の調和のとれた発達の基礎を培う重
> 要な学習であることを考慮して，遊びを通しての指導を中心として第2章に示す
> ねらいが総合的に達成されるようにすること。

　ちなみに，「第2章に示すねらい」とは，健康・人間関係・環境・言葉・表
現という5つの領域のそれぞれのねらいのことです。それでは，遊びを通して
の総合的な保育について，具体的な事例を通して考えてみましょう。

> **エピソード4　ロケットづくりプロジェクト（5歳児）**
> ○一人の子どものアイデアから広がった遊び
> 　一人の子どもが自由遊びの中でロケットの設計図を描いて，保育者に見

せてくれました。その設計図をクラスの集まりの場で紹介すると，その後の遊びの中でロケットづくりが生まれたのです。空き箱でつくる子たち，大きなダンボールでつくる子たち，ペットボトルでつくる子たちなど，いくつかのグループでの活動が起こりました。子どもたちは本当に飛ぶロケットをつくりたいと思い始めていました。

〇ロケットづくりへの関心の広がり

　そのようなロケットづくりの姿を写真記録で保護者にも発信すると，家でも親子でロケットをつくってくる子なども出てきたのです。家庭で本物のロケットの動画をインターネットで見る子もいたので，クラスでもロケットの動画を見て，イメージの共有を行いました。クラスの集まりでその感想を話し合う中で，空気入れを使ったペットボトルロケットをつくるとよいのではないかとの意見も寄せられました。さらに，地域の科学館に見学に行ったこともイメージを膨らませ，ロケットの写真図鑑をつくる子も出てきました。

〇ペットボトルロケットを飛ばす

　その後，ペットボトルロケットを飛ばすこととなりましたが，保育者もアイデアを出しましたが，なかなかうまく飛びません。その後何日も，どれくらいの空気と水を入れるとどれくらい飛ぶか，といったことをグループごとに試行錯誤して実験を行いました。そうした試行錯誤を重ねる中で，実際にロケットが遠くまで飛ぶという手ごたえを得始めたのです。

　乳幼児の生活の多くは遊びです。この事例でロケットの設計図を描いたのも，一人の子どもの遊びから，こんなロケットをつくりたいと思い，絵を描き始めたのです。つまりそれは，何かのためにしている活動ではなく，自分が想像したロケットを描きたいと夢中になってしている遊びそのものが目的であり，成長の目的のためにしているわけではないのです。しかし，その自発的な活動としての遊びがどんどん広がり深まる中で，それが育ちや学びにつながっていることが，この事例からよくわかるのではないかと思います。

2　遊びによる総合的な指導・援助

　このロケット遊びを通して，「明るく伸び伸びと行動し，充実感を味わ」っていることがわかります（健康）。さらに，「身近な人たちと親しみ，関わりを深め，工夫したり，協力したりして一緒に活動する楽しさを味わ」っていることがわかります（人間関係）。そして，「身近な環境に自分から関わり，発見を楽しんだり，考えたりし，それを生活に取り入れようと」していることがわかります（環境）。また，「人の話などをよく聞き，自分の経験したことや考えたことを話し，伝え合う喜びを味わ」っていることがわかります（言葉）。さらに，「感じたことや考えたことを自分なりに表現して楽し」んでいることがわかります（表現）。つまり，子どもの自発的な活動としての遊びは，5領域のねらいとつながっており，それがつまり総合的であると言えるのです。

5　一人一人の発達の特性に応じた保育

　乳幼児期の保育は，一人一人の発達の特性に応じることが大切だと言われます。一人一人の発達の特性に応じた保育とはどのようなことでしょうか。幼稚園教育要領第1章「総則」の第1「幼稚園教育の基本」の3には次のように述べられています。

> 　幼児の発達は，心身の諸側面が相互に関連し合い，多様な経過をたどって成し遂げられていくものであること，また，幼児の生活経験がそれぞれ異なることなどを考慮して，幼児一人一人の特性に応じ，発達の課題に即した指導を行うようにすること。

　それでは，一人一人の発達の特性に応じた保育について，具体的な事例を通して考えてみましょう。

エピソード 5　ピタゴラスイッチづくり（4歳児）

〇アツシは積木遊びの何が面白いのか？

　アツシは，毎日一人で積木を並べては倒す遊びを繰り返していましたが，積木をひとり占めすることなどから他児とのトラブルも多く，担任保育者はアツシの気持ちが理解できず，手をこまねいていました。そこで，そもそもアツシは積木遊びの何を面白がっているのかをその姿から探りながら，かかわり始めました。すると，積木の並べ方にアツシのこだわりが少しずつ見えてきたのです。さらにある日，「ピタゴラスイッチ」とつぶやいたアツシの言葉から，その遊びはピタゴラスイッチのイメージであることが理解できたのです。

〇ピタゴラスイッチづくりへ

　そこで担任保育者は，翌日，ビー玉が転がってドミノ倒しをつくれる工作の本を用意しました。すると，アツシは廃材コーナーでビー玉が転がるピタゴラスイッチコースをつくりはじめたのです。その姿を見た担任保育者がクラスの集まりで紹介すると，他の子たちはそれを「すごい」と大絶賛したので，アツシもうれしそうでした。さらに，他の子たちも興味を持ちはじめ，ピタゴラスイッチのコースをつくるアツシと他の子たちとのかかわりが生まれたのです。

〇アツシが中心のピタゴラ屋さん

　数か月後，秋のお店屋さんごっこの行事で，どのようなお店を出したいかをクラスで話し合いました。すると，「アツシはピタゴラ屋さんをやったらいいよ」という他児からの意見があり，アツシはピタゴラ屋さんをやることになったのです。他の子たちと一緒につくったピタゴラ屋さんには

とても立派なピタゴラコースができて，アツシもとても満足だったようです。さらに，そのピタゴラコースづくりはクラス中のブームとなり，他の子たちにもコースづくりの探究が広がっていきました。

1 一人一人の発達の特性

　乳幼児の発達の大筋は共通のプロセスがあります。しかし，その一人一人の発達の姿は一様ではありません。だから，一人一人へのきめ細かい理解が必要になるのです。エピソード5では，保育者はアツシの見方，考え方，感じ方，かかわり方などを理解しようとする中で，信頼関係を形成しています。これが，一人一人の発達の特性の理解です。そこから，アツシの興味関心が見えてきた中で，ふさわしい環境を用意していることがわかります。そうした中で，次第に他の子たちとのつながりが生まれるなど，アツシ自身の発達の課題を自ら乗り越えていったのです。

2 一人一人と集団の育ち合い

　保育の営みはこのように，その子の内面を理解したり，一人一人にていねいに応じる中で信頼関係を形成するなどのことを通して，その子の個性を大事にしながら育ちを援助していくのです。しかもそれは，単に個々に応じるという

ことだけではなく，集団の生活の中で互いに影響し合うことで，個々の育ち合いを促していくのです。この事例では，アツシのピタゴラスイッチづくりを他の子たちが「すごい」と評価する中で，アツシの自尊心の育ちが促されています。さらに，アツシのピタゴラスイッチづくりに興味を持った他の子たちがそれを模倣することで，他の子たちの遊びの経験の広がりにも影響を及ぼしていることがわかります。このように一人一人のよさを活かした集団づくりをしていくことにも集団保育の場としての役割があるのです。

 まとめ ....

　ここまで，3つの要領・指針の考え方の基盤となる5つの視点を通して，事例を用いながら，「遊びの原理と保育内容」について考えてきました。「遊びの原理とは何か」とストレートに考えるのではなく，「養護と教育が一体的」「子どもの主体性が尊重されること」「環境を通して行われる保育」「遊びを通しての総合的な保育」「一人一人の発達の特性に応じた保育」という5つの視点から考えるとき，それらはすべて，遊びによる保育において何が大切かを学ぶことになったのではないかと思います。そして，保育内容は，子どもの自発的な遊びを通して経験し，育てたい内容であり，それが一人一人に応じることであり，環境によって行われることであり，それは養護と教育が一体的であることや，5領域が総合的であることにつながることが，具体的に理解できたのではないかと思います。
....

 さらに学びたい人のために

○文部科学省「幼稚園教育要領解説」2018年。

○厚生労働省「保育所保育指針解説」2018年。

○内閣府・文部科学省・厚生労働省「幼保連携型認定こども園教育・保育要領解説」2018年。
　保育士や幼稚園教諭を志す人，あるいは実際に現場で働く人々にとって，もっとも重要な参考書になるのが，上記の3冊です。要領や指針の解説書となっています。ここでもこれらを参考にしていますが，何度もここに立ち返って学ぶことが求められます。

第2章
保育の基本と保育内容

・ ・ ・ ● 学びのポイント ● ・ ・ ・

- 保育の基本となる考え方や方法について学ぶ。
- 幼稚園教育要領，保育所保育指針，幼保連携型認定こども園教育・保育要領で定められている保育内容（5領域）について学ぶ。
- 幼稚園教育要領，保育所保育指針，幼保連携型認定こども園教育・保育要領の「育みたい3つの資質・能力」「幼児期の終わりまでに育ってほしい姿」について学ぶ。
- 各発達段階（乳児，1歳以上3歳未満児，3歳以上児）における保育内容について学ぶ。

WORK 子どもの姿に見られる育ち

① 砂遊びやままごとなどの幼児期によく見られる遊びの事例（動画）を取り上げ，その事例の中の子どもの姿と幼児教育の「見方・考え方」や，幼児教育で「育みたい資質・能力」とがどのように関連しているか考えてみましょう。

② 「幼児期の終わりまでに育ってほしい姿」が，小学校生活にどのように生かされるかを，具体的な事例や動画をもとに話し合ってみましょう。

幼稚園から高校の学校教育を通して育む力

学校教育全体

学んだことを人生や社会に生かそうとする
学びに向かう力，人間性など

実際の社会や生活で生きて働く
知識及び技能

未知の状況にも対応できる
思考力，判断力，表現力など

※三つの力をバランスよく育みます。

幼稚園ではその基礎を育成

・知識及び技能の基礎
　豊かな体験を通じて，感じたり，気付いたり，分かったり，できるようになったりする。

・思考力，判断力，表現力などの基礎
　気付いたことや，できるようになったことなどを使い，考えたり，試したり，工夫したり，表現したりする。

・学びに向かう力，人間性など
　心情，意欲，態度が育つ中で，よりよい生活を営もうとする。

※遊びを通して三つの力を一体的に育みます。

幼稚園での生活を通して

幼児期の終わりまでに育ってほしい姿

○健康な心と体　　○自立心　　○協同性
○道徳性・規範意識の芽生え　　○社会生活との関わり
○思考力の芽生え　　○自然との関わり・生命尊重
○数量や図形，標識や文字などへの関心・感覚　　○言葉による伝え合い
○豊かな感性と表現

参考：文部科学省「幼児期の終わりまでに育ってほしい姿」
　　　https://www.mext.go.jp/content/1422303_08.pdf

● 導　入 ● ● ● ● ● ● ●

　「保育内容」とは，広い意味では，幼稚園・保育所・認定こども園等の登園から
降園までの子どもの園生活全体を通して，子どもが経験するすべてを指します。狭
い意味では，国の基準として定められている幼稚園教育要領，保育所保育指針，幼
保連携型認定こども園教育・保育要領（以下，要領・指針と総称する場合がありま
す）の目標に向けて保育者が指導・援助し，子どもが経験する事柄を意味します。

　実際の保育では，園の特色や理念，地域性などを反映した各園の指導計画に沿っ
て，子どもの年齢や時期に応じて様々な工夫や配慮がなされ，各園や保育者が創意
工夫しながら展開します。目の前の子どもたちの実態に即し，子どもたちの「今」
が充実するような保育内容が，子どもたちの豊かな学びと育ちにつながります。

● ● ● ● ● ● ● ● ●

1 要領・指針に基づく保育の基本

　日本の保育の内容や方法の基準は，幼稚園教育要領，保育所保育指針，幼保
連携型認定こども園教育・保育要領に示されています。施設の種類の違いによ
り言葉の表記の違い（たとえば，「幼児」「子ども」「園児」）はありますが，これら
の基準は保育のねらい，方法，内容に関して同じ内容となっています。

　教科に基づいて体系的に学ぶ小学校以降の教育とは異なり，保育は，乳幼児
期の特性に応じた方法で行われます。具体的には，子どもが身近な環境に主体
的に関わる中で発達に必要な経験を積み重ねられるようにする「環境を通して
の教育」，発達の諸側面に関連する 5 領域を総合的に指導する「遊びを通して
の総合的指導」が幼児教育の基本となります。保育では，子どもが自分でした
い遊びを選び，子どもなりのペースとやり方で活動を展開することを重視しま
す。同時に，その遊びは保育者がねらいと子どもの興味・関心や発達段階等の
実態を踏まえて継続的に研究した教材や，計画的に構成した環境を通して展開
します。そして，実際の子どもの遊びの姿を踏まえて，さらに保育者が環境を
再構成します。したがって，子どもの主体性と保育者の意図との両立を図るこ
とが重要になります。

このような方法による保育・幼児教育における子どもの学びは，「学びの芽生え[*1]」となり，小学校以降の「自覚的な学び」につながっていきます。小学生が「漢字を練習している」「たし算を勉強している」などと自分が学んでいる事柄を自覚しながら学ぶのとは異なり，幼稚園等の子どもたちは「パンやさんごっこの看板を作ろう」「ダンボール電車は3人乗りだから，もう満員だよ」などと遊びの中で自分のイメージを実現したり，状況を伝え合ったりする中で，知らず知らずのうちに文字を活用したり，数を数えたりしています。このような経験の積み重ねが，小学校以降の「自覚的な学び」の土台となります。

　つまり，保育内容は，幼児自身がその学びに無自覚である一方で，保育者側が子どもの健やかな成長のために自覚して指導する事柄であるとも言えます。したがって，保育者には，子どもたちが展開する具体的な活動を，要領・指針の保育内容と関連づけて理解する力が必要であると言えます。

2　要領・指針で育むもの

■1■　見方・考え方

　2017（平成29）年改訂の学習指導要領では，各教科等において「どのような視点で物事を捉え，どのような考え方で思考していくのか」というそれぞれの教科等に特有の視点や考え方である「見方・考え方」を示しました。たとえば，国語の「見方・考え方」は「言葉による見方・考え方を働かせ，言語活動を通して，言葉の特徴や使い方などを理解し自分の思いや考えを深める学習の充実を図ること」です。算数の「見方・考え方」は「数学的な見方・考え方を働かせながら，日常の事象を数理的に捉え，数学の問題を見いだし，問題を自立的，協働的に解決し，学習の過程を振り返り，概念を形成するなどの学習の充実を図ること」です。

＊1　無藤隆「『学びの芽生え』が生涯の学びの出発点になる」『これからの幼児教育』2011年度春号，ベネッセ次世代育成研究所
　　https://berd.benesse.jp/up_images/magazine/booklet_12_2.pdf（2023年2月1日取得）。

2017（平成29）年告示の幼稚園教育要領においても幼児期の教育における「見方・考え方」が，次のように述べられています。[*2]

> 　幼児期の教育は，生涯にわたる人格形成の基礎を培う重要なものであり，幼稚園教育は，学校教育法に規定する目的及び目標を達成するため，幼児期の特性を踏まえ，環境を通して行うものであることを基本とする。
> 　このため教師は，幼児との信頼関係を十分に築き，幼児が身近な環境に主体的に関わり，環境との関わり方や意味に気付き，これらを取り込もうとして，試行錯誤したり，考えたりするようになる幼児期の教育における見方・考え方を生かし，幼児と共によりよい教育環境を創造するように努めるものとする。

　幼児期の教育における「見方・考え方」は，幼稚園教育要領の第1章「総則」に「幼児が身近な環境に主体的に関わり」「これらを取り込もうとして」とあるように，遊びなどの具体的で直接的な体験の中で，気付いたことを具体的な活動の中に生かす仕方で現れると言えます。また，その際には「試行錯誤したり，考えたり」といった，幼児なりに工夫したり，思いめぐらしたりする過程が重要となります。そのような過程を通して幼児は思考力の芽生えを育んだり，言葉の感覚を豊かにしたりするなどし，様々な発達が促されます。次のエピソード1から，幼児期の教育における「見方・考え方」を読み取ってみましょう。

> ### エピソード1　3年保育3歳児5月下旬「いちごを食べたのは誰だ?!」[*3]
> 　5月上旬，クラスの全員がクレヨンで点描きをしたいちごを畑のようにして保育室の壁面に貼っておいた。活動の合間に，教師は幼児が作ったペープサートを使って壁面のいちごを食べさせるなどして遊んでいた。5月下旬，壁面を変えるタイミングで，登園前に壁面のいちご畑のいちごだけを，誰かがもぎとったようなちぎり方をしてとっておいた。

＊2　文部科学省（2017年告示）「幼稚園教育要領」第1章「総則」第1「幼稚園教育の基本」より。下線は筆者による。

＊3　浦安市立美浜南認定こども園『研究紀要』（2022年2月）より。

登園したＡ児はロッカーの前に立つと，「あ！　いちごが食べられている！」と驚いて叫んだ。教師が「ほんとだ！　いちごが食べられてる」と言うと，他の幼児も集まってきた。教師が「おいしそうだったもんね。まさか！　〇〇くん食べちゃった？」と聞くとＡ児は「違うよ。おいしそうだったけど食べてないよ」と言った。それを聞いていたＢ児が「ダンゴムシちゃんじゃない？」と壁面の草の横にあったダンゴムシを指さした。教師が「ダンゴムシちゃん，食べちゃった？」とダンゴムシを見て聞いた。Ｃ児は「違うよ。いちごがこーんなにたくさんあったよ，ダンゴムシは赤ちゃんだから食べられないよ」と両手を広げて言った。教師が「そうだよね，赤ちゃんはいっぱい食べられないよね」と言うと，Ｃ児が「私！　探してくる」と急に言い，保育室内を探し始めた。やり取りを聞いていた他の幼児もＣ児に続いて探し始めた。

　しばらくすると，Ｃ児が製作コーナーからセロハンテープの芯を「くるくる棒」（チラシを丸めて作った棒）につけ虫眼鏡をのぞくように床を見て「ふむふむ」と言った。Ｃ児の様子を見ていたＡ児とＢ児も「〇〇も作りたい」と教師に伝えに来たので，教師がＡ児と同じ素材で虫眼鏡を作った。Ｂ児がテラスの出入口の床に砂が落ちているのをのぞき「ここから誰かが入ったかもしれない！」と言った。Ａ児とＣ児も「本当だ！　砂がある」とのぞきこんだ。教師も同じ虫眼鏡を持ちながら「ふむふむ，ここから入っていちごを食べたんだ」と言った。それを見ていた周りの幼児も同じものが作りたいと教師に言いに来た。保育室のあちこちで虫眼鏡をのぞきこみ，友達と顔を見合わせて笑ったり，一緒に同じものを見たりする姿が見られた。

　このエピソード１では，壁面のいちご畑のいちごだけを誰かがもぎとったようなちぎり方で取っておいたという保育者の「しかけ」によって，子どもたちが無くなったいちごについて思いめぐらし，保育者や友達とのやりとりを通してさらにイメージや考えを豊かにし，虫眼鏡で探すふりをしたり，虫眼鏡の制作をしたりなどの新たな活動が展開しています。具体的には，消えたいちごをめぐって「いちごがこーんなにたくさんあったよ，ダンゴムシは赤ちゃんだから食べられないよ」と自分なりに推論し，消えたいちごを探すという発想から

探偵のように虫眼鏡でのぞきこむという新たな行為が生まれ，さらにその面白さが子どもたちの間で共有されています。

　このように，幼児は身近な環境のちょっとした変化にも敏感に反応し，自分なりの考えを言葉で表したり友達と共有したりして，幼児期の教育における「見方・考え方」を豊かにしていきます。この過程を通して，次に述べる 3 つの資質・能力が育まれ，それが小学校以上の学びの基盤となります。

2 「育みたい資質・能力」

　2017（平成29）年 3 月告示の幼稚園教育要領，保育所保育指針，幼保連携型認定こども園教育・保育要領では，それぞれの第 1 章「総則」において共通して，次の 3 つの資質・能力を一体的に育むことが明記されました。

> • 豊かな体験を通じて，感じたり，気付いたり，分かったり，できるようになったりする「**知識及び技能の基礎**」
> • 気付いたことや，できるようになったことなどを使い，考えたり，試したり，工夫したり，表現したりする「**思考力，判断力，表現力等の基礎**」
> • 心情，意欲，態度が育つ中で，よりよい生活を営もうとする「**学びに向かう力，人間性等**」

　これら 3 つの資質・能力は，5 領域のねらいと内容に基づく活動全体を通して育まれるものです。これら 3 つの資質・能力は，図 2 - 1 に示すように，小学校以上の学校教育において育まれる 3 つの資質・能力（「知識及び技能」「思考力，判断力，表現力等」「学びに向かう力，人間性等」）の基礎となります。また，図 2 - 1 で 3 つの資質・能力が相互に関連していることや，3 つの資質・能力の円が重なる中心部に，それらを育むための方法として「幼児期にふさわしい環境を通して総合的に指導」と示されているように，これらの資質・能力は，前述した「環境を通しての教育」を基本とした上で，5 領域に関わる保育内容を，遊びや生活を通して総合的に指導する中で育まれるものです。

教育課程や教育計画を通じ，生涯にわたる生きる力の基礎が一人一人の幼児に育まれるよう，幼児教育や保育の内容に関し，次のような点について施設類型を問わず共通に告示※している。

○次に掲げる資質・能力の基礎を一体的に育むことを明示。

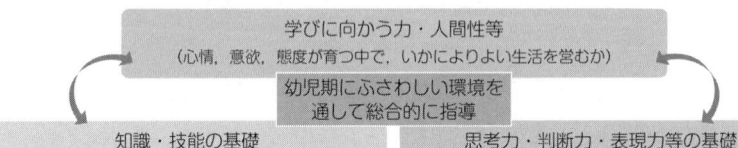

※幼稚園教育要領，保育所保育指針，幼保連携型認定こども園教育・保育要領について，合同の検討会議等を通じて整合性を図り告示しているところ。

図2-1 幼児期に育みたい3つの資質・能力

出所：文部科学省「中央教育審議会　初等中等教育分科会　幼児教育と小学校教育の架け橋特別委員会
　　　（第1回）　参考資料集3」2021年
　　　https://www.mext.go.jp/content/20210720-mxt_youji-000016944_17.pdf（2022年2月1日閲覧）。

3 幼児期の終わりまでに育ってほしい姿

また，2017（平成29）年3月告示の幼稚園教育要領，保育所保育指針，幼保連携型認定こども園教育・保育要領では，それぞれの第1章「総則」において共通に，「幼児期の終わりまでに育ってほしい姿」として，「健康な心と体」「自立心」「協同性」「道徳性・規範意識の芽生え」「社会生活との関わり」「思考力の芽生え」「自然との関わり・生命尊重」「数量や図形，標識や文字などへの関心・感覚」「言葉による伝え合い」「豊かな感性と表現」の10項目が示されました。

この10の姿は，5領域のねらいと内容に基づく活動全体を通して3つの資質・能力が育まれている子どもの，幼稚園（幼保連携型認定こども園）修了時（保育所では小学校就学時）の具体的な姿であり，保育者が指導を行う際に考慮するものです。具体的には，「幼児期の終わりまでに育ってほしい姿」を意識しながら，特に5歳児後半の時期の指導計画の作成や，指導の振り返り（反省・評価）に活かすことが求められます。つまり，「幼児期の終わりまでに育ってほしい姿」（図2-2）は，到達目標でもなければ，個別に取り出して指導す

○小学校以上の教職員との連携や，地域，家庭等との連携の手がかりとするため，幼児期の終わりまでに育ってほしい具体的な姿を明確化。

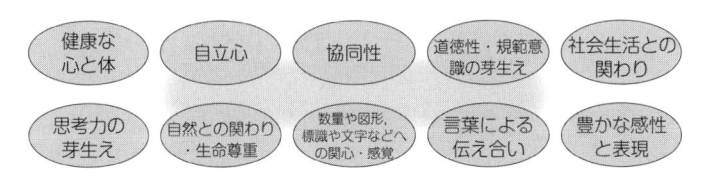

○なお，小学校学習指導要領においても，幼児期の学びから小学校教育に円滑に移行できるよう，各教科等の指導において，幼児期の終わりまでに育ってほしい姿との関連を考慮することが求められている。

図2-2　幼児期の終わりまでに育ってほしい姿

出所：図2-1と同じ。

るものでもありません。

　子どもにそのような姿に「育ってほしい」と保育者が願って保育をするための観点です。

　では，次の5歳児クラスのエピソード2を読んで，その中にどのような「幼児期の終わりまでに育ってほしい姿」に関わる姿があるか見てみましょう。

エピソード2　3年保育5歳児5月下旬「今度はみんなで飛ばしてみよう！」[*4]

　5月中旬，紙飛行機を毎日作っている男児が多く，「他の遊びにも興味をもってほしい」「動きがある遊びなら興味をもつかもしれない」「難易度が高い方が試行錯誤するだろう」という思いから，小さな箱に輪ゴムを付け，テーブルの端にクリップを貼り，引っ掛けて飛ばす遊びを提案してみた。勢いよく飛ぶ様子に興味をもった幼児が次々と挑戦したが，引っ張る力や箱から手を放すタイミングが難しく，遊び込むまでいかなかった。

　5月中旬，A児は，友達から作り方を教えてもらい，アルミホイルを小さく丸めて輪ゴムに付けたものを手に持ってホールにいた。「それ，どうしようか？」と教師が問い掛けると，近くにあった中型積木の板に輪ゴムを付けながら考えていた。すると，偶然手が引っ掛かり，その玉が遠くに

＊4　浦安市立美浜南認定こども園『研究紀要』（2022年2月）より。

25

飛んだ。A児と教師は「わぁー‼」と二人で顔を見合わせて面白いことを発見した嬉しさを共感した。

　A児はすぐにB児とC児に知らせに行き，玉を飛ばして見せた。「前に遊んだやつみたい！」「すっげーとぶじゃん！」と顔を見合わせて驚いた。2人は作り方を教えてもらい，保育室に玉を作りに行った。一人一枚積木の板を持ち，輪ゴムを引っ掛けて飛ばしたり，教師が的として並べた空き箱を狙って飛ばしたりして楽しんでいた。また，上に向かって飛ばし，どれだけ高く飛ぶか友達と競うことを始めた。C児の「花火みたい」という言葉からみんなで一斉に飛ばす遊びも始まった。教師は玉の部分にスズランテープを細かく裂いたものを貼り付けて飛ばしてみた。しかし，飛ばす際にスズランテープが引っ掛かり，よく飛ばなかった。アルミホイルだけでなく，他の素材も玉にしてみるよう提案してみた。紙で作ってみる幼児，「いい」といってアルミホイルのまま遊ぶ幼児がいた。結局よく飛ぶのはアルミホイルだったため，そのままの形で遊びは続いた。そのうち，積木の板を固定し，どこまで飛ぶか距離を競う遊びに発展していった。教師は枠積木を用意し，枠の中に入るか試すようにしてみた。何度か試すうちに，「今度は一緒に飛ばしてみよう！」というA児の声に「やってみよう！」と他の3人も同意し，一枚の板に4人で一緒に輪ゴムを引っ掛けて一斉に飛ばす遊びに発展していった。順番を待つことが苦手なD児が，みんなが引っ掛けるまで待ったり，同時に手を放すように掛け声を掛けたりする姿が見られた。

　いろいろな飛ばし方を考え，工夫しながら飛ばしたり，友達が考えた飛ばし方を真似したりと，面白さを共感しながら何日もこの遊びは続き，友達と一緒に試行錯誤を楽しむ活動となった。

　このエピソード2では，アルミホイルの玉を高く飛ばす遊びの中で，幼児たちが様々な飛ばし方を試したり，友達と競ったりする姿が見られました。いろいろな飛ばし方を試したり，アルミホイル以外の素材でも玉を作ったりする姿は「思考力の芽生え」に，「今度は一緒に飛ばしてみよう」と友達を誘って同じルールやめあてを共有して遊ぶ姿は「共同性」に関連しています。また，「すっげーとぶじゃん」という幼児の言葉には，玉が飛ぶ距離や高さを感覚的

に捉えている姿が読み取れ，それは「数量や図形，標識や文字などへの関心・感覚」に関連していると言えます。さらに，事例を通して子どもたちは自分の考えや気持ちを言葉で伝え合っており，それは「言葉による伝え合い」に関連しています。

　このように，「幼児期の終わりまでに育ってほしい姿」に関連する姿は，互いに影響し合いながら様々な形で現れています。保育者は，各時期や活動等における保育のねらいや内容とともに，「幼児期の終わりまでに育ってほしい姿」に関連する姿も捉えながら，様々な援助を行っていきます。

　2017（平成29）年告示の幼稚園教育要領，保育所保育指針，幼保連携型認定こども園教育・保育要領では，保育内容である 5 領域の存在やその指導方法は従来通り変わっていません。しかし，3 つの「育みたい資質・能力」と「幼児期の終わりまでに育ってほしい姿」が新たに明記されたことにより，保育者が考慮すべき観点がよりきめ細かくなったと言えます。

　なお，保育所保育指針では，保育所における保育は「養護及び教育を一体的に行うこと」を特性とし，幼保連携型認定こども園教育・保育要領では，幼保連携型認定こども園における教育及び保育は「養護の行き届いた環境の下」で展開することとされています。この「養護」とは，「生命の保持」と「情緒の安定」を指します。保育における養護は，個々の子どものニーズに応じたきめ細やかな保育士等の対応によって行われるものであるといえます。また，保育所保育指針の第 2 章「保育の内容」の冒頭で，「保育における『養護』とは，子どもの生命の保持及び情緒の安定を図るために保育士等が行う援助や関わりであり，『教育』とは，子どもが健やかに成長し，その活動がより豊かに展開されるための発達の援助である」とあります。保育所保育指針では「乳児保育に関わるねらい及び内容」「1 歳以上 3 歳未満児の保育に関わるねらい及び内容」「3 歳以上児の保育に関するねらい及び内容」を「主に教育に関わる側面からの視点」としつつも，実際の保育においては，養護と教育が一体となって展開するものであるとしています。

　幼稚園や保育所，認定こども園では，遊びを通して前述の「幼児期に育みたい資質・能力」や「幼児期の終わりまでに育ってほしい姿」を育んでいきます。その際，保育者は一人一人の子どもの発達段階や興味・関心，子どもの気持ち等を丁寧に読み取りながら，活動の充実と保育のねらいの達成に向けて様々な役割を果たしながら援助を行います。その援助の一例を次の事例3から読み取ってみましょう。

> ### エピソード3　3年保育4歳児6月上旬「やっぱりやる！」[＊5]
>
> 　A児はB児とC児と一緒に，同じ場にいることが落ち着く様子であった。しかしどんな遊びをしたいか教師が問い掛けても，"こんなことをしたい"という思いが出てこなかった。A児は教師が提案することに対して「やだ！」「やりたくない！」ということが多く，特に経験したことがない遊びには，躊躇する姿があった。バーベキューごっこができるよう，「くるくる棒」（チラシを丸めて作った棒）や野菜の形に切った画用紙，焼く場所に見立てられる網などを用意し，幼児の興味がバーベキューごっこに向くよう，きっかけを作った。
>
> 　廊下にござで屋根を作ると，C児が「テントみたい！」と言った。教師が「ほんとだね！　テントってバーベキューをする時に使うよね！」と言うと，B児とC児が「バーベキューしたことある！」と言った。教師が焼く場所に見立てられる網を見せ，「これでバーベキューできそうかな？」と聞くと，C児が「できる！」と言った。その間，A児は教師とB児，C児のやり取りを聞いていたが，興味をもてない様子であった。テントの側に食べ物の素材を用意し，製作できる場を設置すると，C児がすぐに「作る！」と言って，「くるくる棒」に野菜の形に切った画用紙をセロハンテープで貼り始めた。C児の様子を見て，B児も興味をもって取り組み始めた。しかし，A児は，テントから二人の様子を見て，少し困ったような表情をしていた。教師が「どうしたの？」とA児に問いかけると，テント

＊5　浦安市立美浜南認定こども園『研究紀要』（2022年2月）より。

の中に隠れてしまった。B児が教師の問い掛けに気付き，「なに？」と聞いてきた。B児に「A児くんが何か困っているみたいだよ。どうしたんだろうね？」と言葉掛けをすると，B児はテントに入り「どうしたの⁉」とA児に尋ねた。A児が「やりたくない」と言い，B児が「どうして？」と聞くと，A児は「つまらないから」と言った。B児は「バーベキュー面白いよ！　ちょっと待ってて！」と言い，テントから出てきた。B児は，自分が作ったものを網の上で焼き，「ほら！　食べていいよ！」と言ってテントの中にいるA児に渡した。しばらくすると，A児がテントから出てきて，少しの間二人が作る様子を近くから見ていた。教師がA児の側で「面白そうだね〜」と声を掛けると，「やっぱりやる！」と二人の真似をして作り始めた。三人は，焼く食べ物をたくさん作ると，網の上で焼き始めた。A児も網の上で食べ物を焼き，「もう焼けたんじゃない？」と言って教師に渡したり食べる真似をしたりして楽しんでいた。そして次の日には，B児とC児が「バーベキューしよう！」と言うと，嬉しそうに「いいね！」と言うA児の姿があった。

　エピソード3では，前述のエピソード1，エピソード2と同様に，保育者は，幼児にこんな体験をしてほしい，こんなふうに遊びが展開したらいいなといった意図をもって，バーベキューごっこのための素材や道具を準備しています。廊下にござで屋根を作ったことから「テント」「バーベキュー」とイメージが広がり，バーベキューごっこが展開する様子から，幼児の意欲が具体的な環境に刺激されて引き出されたことがわかります。また，普段から経験したことのない遊びに躊躇しがちなA児の特徴を踏まえて，A児の様子を見守りつつ，「A児くんが何か困っているみたいだよ。どうしたんだろうね？」と，B児に声をかけて，A児とB児・C児との関わりを引き出しています。その際，保育者は，「経験したことがない遊びには，躊躇する姿」といった一人一人の幼児についての理解を踏まえ，「これでバーベキューできそうかな？」や「A児くんが何か困っているみたいだよ。どうしたんだろうね？」のように質問することなどによって，幼児自身が気付いたり，考えたりする過程を大切にしています。

このように，保育のねらいと幼児の実態を踏まえて，保育者は，環境構成や幼児間の橋渡しなど多様な役割を担いながら，直接的・間接的に援助を行います。また，5領域の各領域の内容は，個別に取り出されて指導されるのではなく，「バーベキューごっこ」という1つの活動の中で，複数の領域の内容が相互に関連し合って展開する中で総合的に指導されます。たとえば，バーベキューに見立てて食べ物など遊びに必要なものを作ることは，領域「環境」や「表現」に関連し，バーベキューごっこに仲間入りしたり友達と関わって遊ぶことは，領域「人間関係」に関連し，遊んだ後に片づけをすることなどは，領域「健康」に関連します。

3 要領・指針の各年齢段階の保育内容

2017（平成29）年改訂（改定）の保育所保育指針，幼保連携型認定こども園教育・保育要領では，3歳未満児の保育所等利用率の上昇を踏まえ，「乳児保育に関するねらい及び内容」「1歳以上3歳未満児の保育に関わるねらい及び内容」が新たに記載されました。

以下では，各発達段階における保育内容の具体的な内容について，保育所保育指針の領域「人間関係」を例に見ていきます。なお，幼稚園教育要領，保育所保育指針，幼保連携型認定こども園教育・保育要領の各年齢段階の保育内容における「ねらい」は，前述の3つの「育みたい資質・能力」を子どもの生活する姿から捉えたものです。また，「内容」は，幼稚園教育要領と幼保連携型認定こども園教育・保育要領においては「ねらいを達成するために指導する事項」であり，保育所保育指針においては，「保育士等が適切に行う事項と，保育士等が援助して子どもが環境に関わって経験する事項」とされています。

1 乳児の保育内容

2017（平成29）年3月告示の保育所保育指針と幼保連携型認定こども園教育・保育要領では，「乳児保育に関わるねらい及び内容」が新たに記載されま

表2-1　保育所保育指針「乳児保育に関わるねらい及び内容」イ「身近な人と気持ち
　　　が通じ合う」

第2章　保育の内容
1　乳児保育に関わるねらい及び内容
⑵　ねらい及び内容
イ　身近な人と気持ちが通じ合う
　　受容的・応答的な関わりの下で，何かを伝えようとする意欲や身近な大人との信頼関係を育て，
人と関わる力の基盤を培う。
　㋐　ねらい
　　①　安心できる関係の下で，身近な人と共に過ごす喜びを感じる。
　　②　体の動きや表情，発声等により，保育士等と気持ちを通わせようとする。
　　③　身近な人と親しみ，関わりを深め，愛情や信頼感が芽生える。
　㋑　内容
　　①　子どもからの働きかけを踏まえた，応答的な触れ合いや言葉がけによって，欲求が満たさ
　　　れ，安定感をもって過ごす。
　　②　体の動きや表情，発声，喃語等を優しく受け止めてもらい，保育士等とのやり取りを楽しむ。
　　③　生活や遊びの中で，自分の身近な人の存在に気付き，親しみの気持ちを表す。
　　④　保育士等による語りかけや歌いかけ，発声や喃語等への応答を通じて，言葉の理解や発語
　　　の意欲が育つ。
　　⑤　温かく，受容的な関わりを通じて，自分を肯定する気持ちが芽生える。
　㋒　内容の取扱い
　　上記の取扱いに当たっては，次の事項に留意する必要がある。
　　①　保育士等との信頼関係に支えられて生活を確立していくことが人と関わる基盤となること
　　　を考慮して，子どもの多様な感情を受け止め，温かく受容的・応答的に関わり，一人一人に
　　　応じた適切な援助を行うようにすること。
　　②　身近な人に親しみをもって接し，自分の感情などを表し，それに相手が応答する言葉を聞
　　　くことを通して，次第に言葉が獲得されていくことを考慮して，楽しい雰囲気の中での保育
　　　士等との関わり合いを大切にし，ゆっくりと優しく話しかけるなど，積極的に言葉のやり取
　　　りを楽しむことができるようにすること。

出所：厚生労働省（2017年告示）「保育所保育指針」より抜粋。

した。表2-1は，乳児保育の保育内容の記載イメージを示したものです。

　表2-1にあるように，発達の諸側面を示す5領域を踏まえつつ，乳児期は
より一層発達の諸側面の重なりが大きく関連も密接であることから，乳児保育
の内容は，身体的発育に関する視点「健やかにのびのびと育つ」，社会的発達
に関する視点「身近な人と気持ちが通じ合う」，精神的発達に関する視点「身
近なものと関わり感性が育つ」の3つの視点に分けられています。それぞれの
視点に，ねらい及び内容，内容の取扱いがあります。

　表2-1のイ「身近な人と気持ちが通じ合う」のねらいは，①「安心できる

関係の下で，身近な人と共に過ごす喜びを感じる」などすべて乳児を主語としており，乳児が行為の主体である表現となっています。一方，内容は，たとえば①「子どもからの働きかけを踏まえた，応答的な触れ合いや言葉がけによって，欲求が満たされ，安定感をもって過ごす」，④「保育士等による語りかけや歌いかけ，発声や喃語等への応答を通じて，言葉の理解や発語の意欲が育つ」などのように，保育士等が主語となる行為と乳児が主語となる姿とが一体となっています。乳児保育においては，保育士等が乳児に適切に関わり，働きかけることが必要不可欠です。しかし，単に保育士が行う行為をもって保育内容が行われているとするのではなく，それと合わせて「安定感をもって過ごす」「言葉の理解や発語の意欲が育つ」などの乳児の姿が見られることをもって，保育内容が行われていると言えます。

　なお，保育所保育指針，幼保連携型認定こども園教育・保育要領では，「乳児保育に関するねらい及び内容」の全般に関わる「基本的事項」の中で，乳児期の発達的特徴を踏まえ，「乳児保育は，愛情豊かに，応答的に行われることが特に必要である」としています。「愛情豊かに」「応答的に」といった保育士等と乳児とのコミュニケーションの質を保ち向上させることが，保育内容全体に関わる前提となると言えます。

2　1歳以上3歳未満児の保育内容

　2017（平成29）年3月告示の保育所保育指針と幼保連携型認定こども園教育・保育要領では，「1歳以上3歳未満児の保育に関わるねらい及び内容」が新たに記載されました。3歳以上児と同様に，5領域に分けて記されています。表2-2は，保育所保育指針の「1歳以上3歳未満児の保育に関わるねらい及び内容」のイ「人間関係」です。

　表2-2のイ「人間関係」のねらいは，②「周囲の子ども等への興味や関心が高まり，関わりをもとうとする」など，すべて子どもが主語であり，他の子どもへの関心が増し，子ども同士の関わりが増えてくる発達段階を反映したものとなっています。内容では，日常生活において自分でできることが増えてく

表 2 - 2　保育所保育指針「1 歳以上 3 歳未満児の保育に関わるねらい及び内容」領域「人間関係」

第 2 章　保育の内容
2　1 歳以上 3 歳未満児の保育に関わるねらい及び内容
⑵　ねらい及び内容
イ　人間関係
　他の人々と親しみ，支え合って生活するために，自立心を育て，人と関わる力を養う。
　㋐　ねらい
　①　保育所での生活を楽しみ，身近な人と関わる心地よさを感じる。
　②　周囲の子ども等への興味や関心が高まり，関わりをもとうとする。
　③　保育所の生活の仕方に慣れ，きまりの大切さに気付く。
　㋑　内容
　①　保育士等や周囲の子ども等との安定した関係の中で，共に過ごす心地よさを感じる。
　②　保育士等の受容的・応答的な関わりの中で，欲求を適切に満たし，安定感をもって過ごす。
　③　身の回りに様々な人がいることに気付き，徐々に他の子どもと関わりをもって遊ぶ。
　④　保育士等の仲立ちにより，他の子どもとの関わり方を少しずつ身につける。
　⑤　保育所の生活の仕方に慣れ，きまりがあることや，その大切さに気付く。
　⑥　生活や遊びの中で，年長児や保育士等の真似をしたり，ごっこ遊びを楽しんだりする。
　㋒　内容の取扱い
　上記の取扱いに当たっては，次の事項に留意する必要がある。
　①　保育士等との信頼関係に支えられて生活を確立するとともに，自分で何かをしようとする気持ちが旺盛になる時期であることに鑑み，そのような子どもの気持ちを尊重し，温かく見守るとともに，愛情豊かに，応答的に関わり，適切な援助を行うようにすること。
　②　思い通りにいかない場合等の子どもの不安定な感情の表出については，保育士等が受容的に受け止めるとともに，そうした気持ちから立ち直る経験や感情をコントロールすることへの気付き等につなげていけるように援助すること。
　③　この時期は自己と他者との違いの認識がまだ十分ではないことから，子どもの自我の育ちを見守るとともに，保育士等が仲立ちとなって，自分の気持ちを相手に伝えることや相手の気持ちに気付くことの大切さなど，友達の気持ちや友達との関わり方を丁寧に伝えていくこと。

出所：厚生労働省（2017年告示）「保育所保育指針」より抜粋。

る 1・2 歳児の発達を踏まえ，前述の乳児保育に比べると，保育士等が主語となる行為の記述は少なくなっています。しかし，②「保育士等の受容的・応答的な関わりの中で，欲求を適切に満たし，安定感をもって過ごす」や④「保育士等の仲立ちにより，他の子どもとの関わり方を少しずつ身につける」のように，保育士等の適切な関わりも含めて保育内容として記載しています。

　また，保育所保育指針，幼保連携型認定こども園教育・保育要領では，「1 歳以上 3 歳未満児の保育に関わるねらい及び内容」の全般に関わる「基本的事

項」の中で，自分でできることが増えてくるこの時期の発達的特徴を踏まえて，「保育士（保育教諭）等は，子どもの生活の安定を図りながら，自分でしようとする気持ちを尊重し，温かく見守るとともに，愛情豊かに，応答的に関わることが必要である」としています。1・2歳児の時期は，自分の思いを強く主張したり，感情のコントロールがうまくできず泣いたり怒ったりする姿もよく見られるようになり，「イヤイヤ期」「魔の2歳児」などと呼ばれることもあります。そのような時期だからこそ，温かく見守り，愛情豊かに応答的に関わる保育者の存在が必要不可欠となります。

　なお，この時期に特徴的な，子どもが泣いたり怒ったりぐずったりかんしゃくを起こしたりする場合への対応については，領域「人間関係」の内容の取扱いにおいて，②「思い通りにいかない場合等の子どもの不安定な感情の表出については，保育士（保育教諭）等が受容的に受け止めるとともに，そうした気持ちから立ち直る経験や感情をコントロールすることへの気付き等につなげていけるように援助すること」とあります。

■3　3歳以上児の保育内容

　3歳以上児の保育内容は，幼稚園教育要領，保育所保育指針，幼保連携型認定こども園教育・保育要領では，5領域のねらい，内容，内容の取扱いが，細かい文言の違いはあっても共通しています。

　表2-3は，「保育所保育指針」の「3歳以上児の保育に関わるねらい及び内容」のイ「人間関係」です。

　表2-3を，表2-1「乳児保育に関わるねらい及び内容」のイ「身近な人と気持ちが通じ合う」や，表2-2「1歳以上3歳未満児の保育に関わるねらい及び内容」のイ「人間関係」と比較することによって，乳児期から小学校入学までの乳幼児期の発達の過程と，そこで必要とされる援助や配慮すべき事柄が見えてきます。

　たとえば，表2-1・表2-2と比較すると，表2-3の「3歳以上児の保育に関わるねらい及び内容」のイ「人間関係」では，ねらいは②「身近な人と親

表 2 - 3　保育所保育指針「3 歳以上児の保育に関わるねらい及び内容」領域「人間関係」

第 2 章　保育の内容
3　3 歳以上児の保育に関するねらい及び内容
(2)　ねらい及び内容
イ　人間関係
　　他の人々と親しみ，支え合って生活するために，自立心を育て，人と関わる力を養う。
　㋐　ねらい
　　①　保育所の生活を楽しみ，自分の力で行動することの充実感を味わう。
　　②　身近な人と親しみ，関わりを深め，工夫したり，協力したりして一緒に活動する楽しさを
　　　　味わい，愛情や信頼感をもつ。
　　③　社会生活における望ましい習慣や態度を身に付ける。
　㋑　内容
　　①　保育士等や友達と共に過ごすことの喜びを味わう。
　　②　自分で考え，自分で行動する。
　　③　自分でできることは自分でする。
　　④　いろいろな遊びを楽しみながら物事をやり遂げようとする気持ちをもつ。
　　⑤　友達と積極的に関わりながら喜びや悲しみを共感し合う。
　　⑥　自分の思ったことを相手に伝え，相手の思っていることに気付く。
　　⑦　友達のよさに気付き，一緒に活動する楽しさを味わう。
　　⑧　友達と楽しく活動する中で，共通の目的を見いだし，工夫したり，協力したりなどする。
　　⑨　よいことや悪いことがあることに気付き，考えながら行動する。
　　⑩　友達との関わりを深め，思いやりをもつ。
　　⑪　友達と楽しく生活する中できまりの大切さに気付き，守ろうとする。
　　⑫　共同の遊具や用具を大切にし，皆で使う。
　　⑬　高齢者をはじめ地域の人々などの自分の生活に関係の深いいろいろな人に親しみをもつ。
　㋒　内容の取扱い
　　上記の取扱いに当たっては，次の事項に留意する必要がある。
　　①　保育士等との信頼関係に支えられて自分自身の生活を確立していくことが人と関わる基盤
　　　　となることを考慮し，子どもが自ら周囲に働き掛けることにより多様な感情を体験し，試行
　　　　錯誤しながら諦めずにやり遂げることの達成感や，前向きな見通しをもって自分の力で行う
　　　　ことの充実感を味わうことができるよう，子どもの行動を見守りながら適切な援助を行うよ
　　　　うにすること。
　　②　一人一人を生かした集団を形成しながら人と関わる力を育てていくようにすること。その
　　　　際，集団の生活の中で，子どもが自己を発揮し，保育士等や他の子どもに認められる体験を
　　　　し，自分のよさや特徴に気付き，自信をもって行動できるようにすること。
　　③　子どもが互いに関わりを深め，協同して遊ぶようになるため，自ら行動する力を育てると
　　　　ともに，他の子どもと試行錯誤しながら活動を展開する楽しさや共通の目的が実現する喜び
　　　　を味わうことができるようにすること。
　　④　道徳性の芽生えを培うに当たっては，基本的な生活習慣の形成を図るとともに，子どもが
　　　　他の子どもとの関わりの中で他人の存在に気付き，相手を尊重する気持ちをもって行動でき
　　　　るようにし，また，自然や身近な動植物に親しむことなどを通して豊かな心情が育つように
　　　　すること。特に，人に対する信頼感や思いやりの気持ちは，葛藤やつまずきをも体験し，そ
　　　　れらを乗り越えることにより次第に芽生えてくることに配慮すること。
　　⑤　集団の生活を通して，子どもが人との関わりを深め，規範意識の芽生えが培われることを
　　　　考慮し，子どもが保育士等との信頼関係に支えられて自己を発揮する中で，互いに思いを主
　　　　張し，折り合いを付ける体験をし，きまりの必要性などに気付き，自分の気持ちを調整する
　　　　力が育つようにすること。
　　⑥　高齢者をはじめ地域の人々などの自分の生活に関係の深いいろいろな人と触れ合い，自分
　　　　の感情や意志を表現しながら共に楽しみ，共感し合う体験を通して，これらの人々などに親
　　　　しみをもち，人と関わることの楽しさや人の役に立つ喜びを味わうことができるようにする
　　　　こと。また，生活を通して親や祖父母などの家族の愛情に気付き，家族を大切にしようとす
　　　　る気持ちが育つようにすること。

出所：厚生労働省（2017年告示）「保育所保育指針」より抜粋。

しみ，関わりを深め，工夫したり，協力したりして一緒に活動する楽しさを味わい，愛情や信頼感をもつ」など，3歳以上児において子ども同士の関係が構築され，子ども同士の関わりが深まってくる時期に対応したものとなっています。内容では，保育士が主語となる行為の記述なはく，すべて子どもが主語となる行為として記されています。③「自分でできることは自分でする」といった自立して行動することに関するものから，⑨「よいことや悪いことがあることに気付き，考えながら行動する」といった道徳性や規範意識の芽生えに関するものまで，3歳未満児と比べて，より幅広い内容になっています。

　以上から，発達段階ごとの保育内容を理解するとともに，各発達段階を通した保育内容の理解も重要になります。

４　2017年の改訂（改定）における新たな保育内容

　2017（平成29）年3月告示の幼稚園教育要領，保育所保育指針，幼保連携型認定こども園教育・保育要領では，3歳以上児の5領域の記載では，「幼児期の終わりまでに育ってほしい姿」や幼児教育の現代的な課題に即していくつかの改訂（改定）が見られました。

　その中には，近年，乳幼児期に育むことで生涯にわたって肯定的な影響を及ぼすとされる，いわゆる「非認知的能力／社会情動的スキル」の重要性を踏まえたものもあります。具体的には，社会情動的スキルの中の忍耐力や楽観性などの重要性を踏まえて，領域「人間関係」の内容の取扱いの①において「諦めずにやり遂げることの達成感や，前向きな見通しをもって」という文言が新たに加えられています。また，領域「人間関係」のねらいでは，「幼児期の終わりまでに育ってほしい姿」の「協同性」に関連して，幼児同士が工夫したり協力したりすることに関する記載が新たに加わりました。

　その他には，領域「健康」では，「幼児期の終わりまでに育ってほしい」の「自立心」に関連してねらいや内容の取扱いで「見通しをもって行動」することに関する記載が新たに加わりました。領域「環境」では，内容や内容の取扱いにおいて我が国や地域社会における様々な伝統や文化に親しむことに関する

記載が新たに加わりました。領域「言葉」では，ねらいや内容の取扱いにおいて言葉に対する感覚を豊かにすることに関する記載が新たに加わりました。領域「表現」では，内容の取扱いにおいて子どもの豊かな感性を育む上で身近な環境，とりわけ自然の中にある音，形，色などの気付きを重視する記載が新たに加わりました。

 まとめ

　　この章では，保育内容を理解する上で前提となる，保育の基本となる考え方や方法，2017（平成29）年 3 月告示の幼稚園教育要領，保育所保育指針，幼保連携型認定こども園教育・保育要領で新たに加わった「育みたい資質・能力」と「幼児期の終わりまでに育ってほしい姿」等について説明し，各発達段階に応じた保育内容のあり方等について説明しました。これらの内容を理解した上で，具体的な活動と，「育みたい資質・能力」と「幼児期の終わりまでに育ってほしい姿」，乳児保育の 3 つの視点及び 1 歳以上 3 歳未満児，3 歳以上児の 5 領域の内容を関連させながら，指導計画を立案し，実践し，振り返ることが必要となります。

 さらに学びたい人のために

○無藤隆『幼児教育の原則──保育内容を徹底的に考える』ミネルヴァ書房，2009年。

　　幼児教育の実践を貫く 4 つの原則（環境性原則，多様性原則，一体性原則，表現性原則）と，遊びの中に成り立つ学びのあり方を踏まえ，保育内容の 5 領域それぞれについて，その内容を理解する上での重要な概念や論点をわかりやすく説明しています。また，幼小連携や保育者の成長過程等についても実践に即して課題を整理し，進むべき方向性を論じています。

○北野幸子『地域発・実践現場から考えるこれからの保育──質の維持・向上を目指して』わかば社，2021年。

　　世界各国で保育が重点政策課題となっている現状の概観とともに，そのような状況下における日本の各地域における保育の質向上のための具体的な取組とその成果を紹介しています。地域と実践現場に根差した実践をもとに今後の保育の質の維持・向上に必要な事柄を展望しています。

第3章

保育内容と子ども理解

• • • • 学びのポイント • • •

- •「子ども理解」とは何か，どのように行うのかについて理解する。
- • 保育の場における「子ども理解」の深め方について学ぶ。
- •「子ども理解」を基本とした保育における評価について学ぶ。

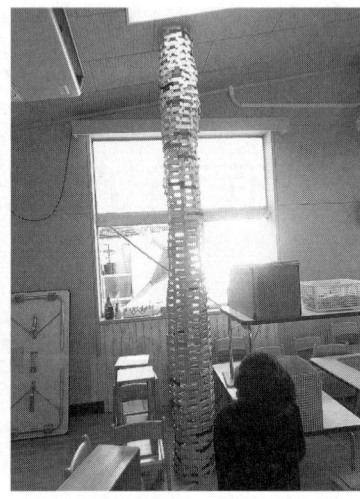

　上の写真は，幼稚園の5歳児クラスでの遊びの様子です。

　カプラ® という木製の薄い直方体の玩具を用いてタワーを作っています。

　子どもたちは，この遊びの何に楽しさを感じているでしょうか。

　また，それぞれの子どもたちはどのような動きをしているでしょうか。

　写真の中の子ども一人一人に注目し，どのような気持ちでいるのか，動きをしているのか考えてみましょう。また，その考えをグループで共有しながら，この遊びが子どもたちにどのような育ちをもたらすかについて話し合ってみましょう。

● 導　入 ● ● ● ● ● ● ● ●

　「子どものことを理解したい」「子どもの理解者となりたい」——保育者を目指す学生のみなさんに共通の願いだと思います。では，どのようにしたら子どものことがわかるのでしょうか。どこまで知ることができたら子どもを理解したと言えるのでしょうか。そもそもなぜ，私たちは子どものことをわかりたいと願うのでしょうか。

　「子ども理解」は保育の基盤となるものです。保育者は目の前の子どもたちの性格，興味や関心，よさや課題など，様々な側面から子どもを把握し，一人一人の子どもを理解しようと努めます。そして，その理解をもとに目の前の子どもたちと保育を営んでいくのです。この章では，保育の場における「子ども理解」とその方法，子ども理解が保育において果たす役割などについて学んでいきます。ぜひ最初の問いの答えを，学びながら見つけていってください。

● ● ● ● ● ● ● ● ●

1　保育における「子ども理解」とは

1　目の前の子どもの姿を捉える「子ども理解」

> **エピソード1　園庭のはしっこで①**
>
> 　5月のある日。5歳児のナオが園庭のはしっこでしゃがみこんでいます。何をしているのかと覗き込んでみると，麦のような草の小さな実を一つひとつ外しては，バケツに入れていました。もう10分ほどそうしているでしょうか。夢中になって，黙々と草の実を集めています。

　あなたがこの保育者だったら，ナオに対してどのような言葉をかけますか。もしくは，どのような行動をとりますか。夢中になっているのだからと声をかけずに見守るでしょうか。それとも，「何を集めているの？」「何に使うの？」と声をかけるでしょうか。隣で一緒に草の実をとり，ナオのバケツに入れてあ

41

げるでしょうか。あるいは，自分もバケツを持ってきて，どちらがよりたくさんの草の実を集めることができるかと競争するでしょうか。もっと別の言葉がけ，働きかけを考えた人もいることでしょう。

　保育には「これが正解」というものがありません。上に挙げたいずれの働きかけも，「私ならこうしてみる」と考えた理由や意図があるはずです。「夢中になっている様子だから，邪魔したくない」「草の実の使い道を聞くことで，次の援助の手立てを考えたい」「一緒に草の実を集めながら，もっと親しくなるための会話を重ねたい」「草の実集めにゲーム性を持たせて，周りの子どもたちも巻き込みたい」というように。

　みなさんがナオの担任保育者だったとしたら，ナオのここまでの姿や今日の様子，これから育っていってほしい姿などを思い浮かべながら，どのように働きかけるのか（もしくは直接的には働きかけず，見守るのか）を考え，実践していくことになります。

> ### エピソード2　園庭のはしっこで②
>
> 　保育者が「何を集めているの？」と声をかけると，ナオは「ごはんなの」と短く答え，再び草の実集めに夢中になります。保育者は，ままごと遊びにでも使うのだろうと思い，それ以上は声をかけずに立ち去りました。
> 　1時間ほど経ったころ，ナオは保育者のもとにかけより，草の実でいっぱいになったバケツを見せました。保育者は先ほどのナオの発言を思い出し「わあ，おいしそうなごはん！」と声をかけました。ナオはにっこりと笑い，「おうちに持って帰りたい」と言いました。

　あなたが想像していた展開になったでしょうか。

　この保育者は，「何を集めているの？」という問いに対する「ごはんなの」という言葉から，草の実集めは草の実をごはんに見立てたままごと遊びへと展開していくのだろうと考えました。今は一人で黙々と草の実集めをしているけれど，やがて友達と一緒に遊ぶのだろうと思い見守っていたのです。しかしナオは集めた草の実でままごとをはじめるわけではなく，草の実を家に持ち帰り

たいと言い出しました。子どもの数だけ考えていることや行動は異なり，私たち大人の経験則に基づいた「きっと次はこうなるだろう」という見立ては，いとも簡単に崩されることも多いのです。

　では，あなたがこの保育者だったとしたら，次にどのように対応しますか。この保育者は，先ほどの見立てとその見立てから導き出した援助——ナオは一人で草の実を集めているが，その草の実を用いて友達と一緒にままごとをするための準備なのだろうから，しばらくその姿を見守ることにしよう——を，修正するために，より丁寧にナオを「観察」することにしました。

2　子どもの内面に迫る「子ども理解」

　そもそも，ナオは草の実集めを楽しんでいるのだろうか。もしかすると，やることが見つからなくて時間つぶし的に取り組んでいるのかもしれない——そう考えた保育者は，ナオの表情に一層注目してみました。ナオは草の実集めに集中しており，楽しそうとは異なるように見えました。しかしその目はとても真剣で，主体的に自分のやりたい活動に取り組んでいると言えるだろうと判断しました。

　次に保育者は，ナオがここまで夢中になる理由，ナオにとってのこの活動の「めあて」は何だろうと考えました。たくさん集めてバケツを草の実で満たしたら満足なのか，草の実の香りや触り心地が好きなのか，それとも実は草の実集めはおまけで，土の感触や虫の様子，きれいな石探しを楽しんでいるのか……。いろいろな可能性を考えながら，さらに注意深く様子を見ていきます。

　このように保育者は，子どもが視線の先に何を見ているのか，何に触れ，何を聞き，何を感じているのか，何を考えているのかなどをみるのです。遠巻きに眺めているだけでは決して見えてこないものを「みる」こと，それが保育における観察です。観察を通して保育者は子ども一人一人を理解し，その理解をもとに次の援助を考えていきます。

> **エピソード3　園庭のはしっこで③**
>
> 　保育者は，「ままごとに使うと思っていたのにな」と思いながら，草の実を入れられるようにビニールの袋を渡しました。ナオはバケツの中身をすべて袋に移し替え，空っぽになったバケツを持って再び草の実を集め始めました。
>
> 　ナオはこの日，一日中園庭のはしっこで草の実を集めていました。午前中に2袋，午後にも2袋の合計4袋もの草の実を集め，それを嬉しそうに家に持ち帰りました。

　観察からナオの様子をしっかりと捉えたら，その時々に最適解だと思われる援助を導いていくわけですが，「最適解」とは何でしょうか。夢中になって集めているこのときのナオの立場からであれば，好きに集めさせてくれたり，一緒に草の実を集めてバケツの中身を増やしてくれたり，もっと草の実が多く集められる場所を教えてくれたりすることが最適解なのかもしれません。しかし，未来のナオの立場から考えたらどうでしょうか。保育者は，子どもの育ちについて長期的な見通しをもち，今目の前の子どもの姿を受け止め尊重すると同時に，先の（こうあってほしいと願う）子どもの姿を思い浮かべ，そちらに向かって導いていくという役割を担っています。

　このエピソードに出てくるナオは年長クラスの5歳児です。年齢から考えれば，保育者はナオが一人でじっくり取り組む姿を好ましく思う一方で，友達と声をかけあって「一緒に」「たくさん」集めようなどと遊びのめあてを共有したり，草の実がたくさん取れる場所を伝え合ったりするような姿を願っているかもしれません。こうあってほしいと願う子どもの姿を明確にすることによって，保育者は援助の方向性を定めることができるのです。そのためには，乳幼児の一般的な発達の流れや姿，乳幼児教育の目指す先の子どもの姿（「育みたい資質・能力」や，「幼児期の終わりまでに育ってほしい姿」など）をしっかり理解し

ておくことが必要です。

　ところで実際の保育では、保育者は子どもと一対一で関わっているわけではありません。そのため、他の幼児に呼ばれ一緒に遊ぶなどしているうちに、次の援助を考え実践するタイミングを逸してしまうこともありますし、どれだけ一生懸命考えても次の援助が思いつかないということもあります。また、最適解だと思って働きかけたことでも、子どもにとってはそういうわけでもなかったということも、もちろんあり得ます。そういった場合、保育者は子どもの思いに今一度丁寧に向き合い（直接思いを聞き出す、観察し直すなど）、再び援助を考えます。明日以降も続く保育の、どこかの場面でまた生かされるのではないかと思いながら。また、今回しっくりいかなかった援助であっても、子どもの置かれた状況や成長によって、ぴったりはまる援助になることもあります。

　おかしな言い方かもしれませんが、保育者自身が想定した子どもの反応と、実際の子どもの反応の間の「ズレ」を面白がる余裕があるといいかもしれません。次の「評価」の節でも触れますが、そのズレは保育者であるあなた自身の保育を振り返るポイントとなるでしょうし、少なくとも、目の前の子どもはあなた自身とは異なる一個人であるという、当たり前のように見えて忘れてしまいがちなことを思い出させてくれるはずです。そして、だからこそ、相手のことをもっと知りたいという思いをもち、「子ども理解」が進むはずなのです。

2　「子ども理解」と評価

1　「子ども理解」に基づく保育の評価

エピソード4　「これでいいの」[*1]

　3歳児クラスの保育室の中で、白い園帽をかぶってパイロットごっこをしているシンイチとタクロウ。保育者が「パイロットの帽子って白な

＊1　『令和2年度　千葉大学教育学部附属幼稚園　研究紀要　幼児と教師が共に主体となる保育』2021年，p. 14，3歳児Ⅲ期事例より一部筆者改変。

の？」と聞くと，シンイチは「青で白い線があるの。マークもついてる」と答えました。「そうなんだ。色が幼稚園の帽子とは違うんだね。本物みたいに作ってみたらどうかな？」と提案すると「うん，やる」と言い，タクロウと一緒に制作コーナーに向かいます。保育者が白い画用紙で作ったお面バンドを渡すと，シンイチはクレヨンで青く塗り，その上に白い線を描き，「できた！」と被って保育者に見せに来ました。「いいのができたね！　今日はどこ行きの飛行機なのかな」と声を掛けると満足そうに笑顔を見せましたが，すぐに園帽に被りかえパイロットごっこを始めました。「素敵な帽子ができたから被ったらよいのに」と保育者が言うと，「これでいいの」と答えました。

　エピソード4で保育者は，夏休みに飛行機に乗った経験を再現しながら遊んでいるシンイチの様子を見て，本物のイメージに近いパイロットの帽子を作ったらもっと遊びが楽しくなるのではないかと考えました。また，せっかくの機会だから制作の経験につなげていけたらいいな，とも考えました。そこで，帽子づくりを提案したのです。しかしシンイチたちは，提案を受けて帽子をつくりはしたものの，すぐに園帽に被り直し，再び遊び始めました。

　この様子を見て保育者は，シンイチは本物らしさを求めているわけではなく，自分なりのイメージで動いたり話したりすることや，友達と同じものを身につけて遊ぶことに楽しさを感じており，身近で手軽なものを見立てて使うことで十分だったのだと考えました。

　保育者の考える援助は，いつでも子どもにとって最適解であるわけではありません。保育者は，自分からの働きかけに対して子どもがどのように反応しているのかを絶えず確認する必要があります。そのようにして，自らの保育を評価するのです。

2　「子ども理解」に基づく子どもの評価

　前述のエピソード3の話題に戻ります。保育者は「家に持ち帰りたい」と言

われ，ナオにビニール袋を1枚渡しました。ナオの願いを叶えるための，気持ちに寄り添った援助です。保育者は，それでナオは満足し，草の実集めは一区切りするだろうと思いました。しかしここでも保育者の見立て通りとはいかず，ナオはその後もせっせと草の実を集め続け，結局ビニール袋4つ分もの草の実を家に持ち帰ったのです。その間，保育者はナオの様子が気になりながらも，夢中になっているのだからとそれ以上の働きかけをしませんでした。

　一日を終えると，保育者はその日の保育と一人一人の子どもの様子を，振り返り評価していきます。ナオについては，いつも周りのことが気になってしまい自分の遊びに没頭しにくかったけれど，今日は自分のやりたいことに存分に取り組めていたこと，集めた草の実を持って満足そうな表情で帰宅したことなどをポジティブな面として，保育者や友達との関わりが少なかったことをネガティブな面として評価しました。この日のナオは友達との関わりがほとんど見られなかったので，明日も同じ様子が続くようならばどう声を掛けていこうかなどと援助を考える一方で，1週間，1か月……とさかのぼってナオの姿を思い浮かべてみれば，むしろこの日の夢中になっている姿は好ましいもののように思えました。

　さて，ここまでに2つの「評価」が出てきました。その日の保育の評価と，一人一人の子どもの評価です。2つの評価のどちらにも共通して重要なことは，子どもを理解していることが前提となるということです。

　ここでまず確認しておきたいことは，「子どもを評価する」こととは，他者と比較し優劣をつけたり，できることの多少に注目して行ったりすることではないということです。振り返りの中で保育者は，普段のナオの様子（周りが気になり自分の遊びに没頭しにくい）や，今日のナオの表情（満足そう）から，夢中になって草の実を集めたナオの姿を「好ましい」と考えました。つまり子どもの評価とは，その日のその瞬間だけで行われるものではなく，その子どもに対する継続的な理解，多面的な理解をもとに実施されるものなのです。子ども一人一人が，何に興味を持ち，何を実現しようとし，何を感じて考えているのか。そういった姿を捉え続けることにより，子どもの理解が深まります。その理解をもとに子ども一人一人の保育の中での具体的な姿を評価していくのです。

では，なぜ自らの保育を振り返る際にも子ども理解が前提となるのでしょうか。幼稚園教育要領には，評価の実施に当たっては「指導の過程を振り返りながら幼児の理解を進め，幼児一人一人のよさや可能性などを把握し，指導の改善に生かすようにすること[*2]」と記されています。つまり，保育は保育者がいかにうまくやれたかという視点で評価されるのではなく，子どもにとってどうであったかという視点で評価されるべきものなのです。

　たとえば，もしあなたが絵本を読むのが驚くほど上手だったとしても，話の内容が子どもの興味や関心に沿うものでなかったり，難しすぎたり簡単すぎたり，あるいは飽きてしまうほど長すぎるようなものだったりしたなら，子どもにとってどうでしょうか。その視点から自らの実践を振り返ると，使用されている言葉が難しかったとか，登場人物が多すぎて混乱を招いたとか，途中までは楽しそうに聞いていたのに10分を過ぎたあたりから飽きてしまった子が多かった，というように反省点を見出すことができるのではないでしょうか。そして反省すべき点をつぎにどのように改善していけばいいか，その方策を考えることもできるでしょう。つまり保育の評価とは，一般的な子どもの発達の流れと，実際目の前にいる子ども集団あるいはその中の子ども一人一人の興味・関心や意欲などを把握した上で，それに合った援助や言葉がけ，環境構成等ができていたかという視点からその日の保育（指導の過程）を振り返り，次の実践へとつなげていくものなのです。

3 子どもの育ちを理解する

▌1▐　遊びの様子から子どもの育ちを捉える

　次に示すのは，草の実で遊んでいたナオの家庭からの連絡帳に書かれていた内容です。

＊2　文部科学省「幼稚園教育要領」（2017年告示）第1章「総則」第4「指導計画の作成と幼児理解に基づいた評価」4「幼児理解に基づいた評価の実施」。

> 4 月〇日
>
> 　昨日のお迎えの時，娘は嬉しそうにたくさんの草の実を見せてくれました。帰宅後も「これはごはんなの」と言い続けるので，よ〜く話を聞いてみると「これをゴリゴリってすると，ごはんが出てくるの。それをおにぎりにして食べようね。前の年長さんも作ってたの」「たくさんとったから，おうちでみんなで食べようね」とのこと。どうやら，私たち家族におにぎりを食べさせたかったようです（笑）。本気で稲だと思い込んでいたので事実を伝えるのもかわいそうかと思ったのですが，伝えないわけにもいかず，インターネットで稲の画像を検索して一緒に見ました。「なんか違う……かも？」ということで，すごくがっかりしていましたが，タイミングよくバケツで稲を育てるキットを見つけたので，育ててみることにしました。

　思いもかけず家庭で稲を育てる体験にまで発展したこのエピソードですが，実は筆者の娘が保育所の 5 歳児クラスに通っていた時に，実際に筆者の家庭で起きたことです。子どもの生活は連続していると言いますが，子どもたちの経験は保育所や幼稚園，こども園の中だけで完結するわけではありません。園での経験が家庭に，家庭の経験が園に持ち込まれ，つながっていくのです。

　大量の草の実を持ち帰り，「ごはん」だと信じて疑わない娘を前にして，母親の私は途方にくれました。草の実集めに明け暮れた娘の一日は無駄なものだったようにも思いました。もっと早く先生が真実を伝えてくれたなら，娘は勘違いしていた自分を少し恥じらいつつ，草の実集めを早々にやめ，次の遊びに移行しただろうと考えました。しかし，もし熱心に草の実を集めているところを「それごはんじゃないよ」と軽い気持ちで訂正されたり，万が一にも勘違いを笑われたりしたなら，本気で集めている娘は傷ついたかもしれません。そして実際にはその後に家庭での米栽培にまで発展したのですから，その意味で娘の一日はまったく無駄なものではありませんでした。それだけでは，偶然が重なってうまくいっただけだったとも言えるでしょう。しかし，保育者としての私には，また少し見え方が異なりました。草の実について一生懸命説明する娘に成長を感じたのです。去年の年長さんの様子を覚えていたこと，家族みんなで食べるために必要な量を考えたこと，そのために一日中根気強く草の実を

集めたこと。どれもが成長だと考えました。

2　遊びの中での経験を分析的に捉える

　幼稚園教育要領に「幼児の自発的な活動としての遊びは，心身の調和のとれた発達の基礎を培う重要な学習である[*3]」とありますが，ナオの草の実集めはまさしく，誰に指示されたわけでもない，夢中になって没頭して取り組んだ遊びであり，学習だといえます。保育者はそのことを「考慮して，遊びを通しての指導を中心として第2章に示すねらいが総合的に達成されるように」していくのです。第2章に示されているねらいとは，心身の健康に関する領域「健康」，人との関わりに関する領域「人間関係」，身近な環境との関わりに関する領域「環境」，言葉の獲得に関する領域「言葉」，感性と表現に関する領域「表現」のねらいのことです。ではこの草の実集めという遊びの中で子どもは何を経験したのでしょうか。その経験は，どのような育ちにつながりうるのでしょうか。幼稚園教育要領等の5つの領域のねらいと内容とのつながりを確認しながら，分析してみましょう。

　たとえば領域「健康」のねらいの一つは「明るく伸び伸びと行動し，充実感を味わう」です。その内容（ねらいを達成するために指導する事項）には，「進んで戸外で遊ぶ」「先生や友達と食べることを楽しみ，食べ物への興味や関心をもつ」などがあります。ナオのエピソードでは，袋にいっぱいになった草の実をロッカーに置き，再び外に飛び出して草の実を集め続けた様子や，1年前の年長児がおにぎりを食べていた様子に関心をもち「ゴリゴリってしたらおにぎりが食べられるんだよ，一緒に食べようね」と楽しみにする様子などが内容として当てはまるでしょうか。そして，誰にも邪魔されることなく伸び伸びと草の実を集め，集めた草の実を持って満足した表情で帰宅した様子は，健康のねらいの達成につながるような姿だと言えそうです。

　同様に，領域「人間関係」のねらいの一つ「幼稚園生活を楽しみ，自分の力

＊3　文部科学省「幼稚園教育要領」（2017年告示）第1章「総則」第1「幼稚園教育の基本」。

で行動することの充実感を味わう」や，その内容「自分で考え，自分で行動する」「自分でできることは自分でする」「いろいろな遊びを楽しみながら物事をやり遂げようとする気持ちをもつ」なども当てはまる部分があると考えることができそうです。みなさんなら，どの部分が当てはまると読み取りますか。もしかしたらもっと違う部分が当てはまるのではないかと考える方もいるかもしれません。

　さらに，「環境」「言葉」「表現」のねらいや内容を視点として，エピソードの子どもの姿を捉えてみてください。グループで相談しながら「どのような姿が見られるか」「どのような育ちにつながっていくか」「そのためには，どのような援助が必要か」と考えていくことは（考えながら事例を読み進めたり，実際の保育の様子を見たりすることも），みなさんの保育者としての専門性を高めていきます。エピソード1〜3には，保育者の援助があまり記述されていませんでしたが，あなたならどう関わっていったでしょうか。援助一つでその後の子どもの活動も経験も学びも育ちも，変わっていく可能性があるのです。

▆3▆　子どもを多角的に捉えるために

> ### エピソード5　東山ヤモリ
>
> 　5歳児の保育室前のテラスにヤモリが出ました。子どもたちはワーッと集まりますが，触るのが怖いのか遠巻きに眺めるのみ。そこへ隣のクラスの依田先生がやってきてひょいと捕まえました。「私のヤモリ」「僕が先に見つけたよ」「ちょうだい，ちょうだい」と騒ぐ子どもたちに，依田先生は「これは私が捕まえたから，依田先生のヤモリです。依田ヤモリちゃんです」と答えました。譲ってもらえるだろうと考えていたサツキは泣き出しました。周りの子が「先生が泣かせた」などと言う中，依田先生は「先生が捕まえたんだから先生のヤモリだよ。そして先生は，ヤモリには外でのびのびと暮らしてほしいから逃がすよ」と，テラスの隅にヤモリを放ちました。しかしヤモリは弱っているのかテラスの隅から動きません。サツキはすぐにそのヤモリを捕まえ，「私が捕まえたから，このヤモリは東山

ヤモリだ（東山はサツキの苗字）」と名付け直しました。飼いたいから飼育ケースを出してほしいと言うサツキに，担任は「かわいいから飼いたいだけではダメなんだよ，生きているんだから」と声をかけます。サツキは「わかっている」と返事をしますが，「じゃあヤモリは何を食べるの？」と担任が聞くと「わからない」。一緒に図鑑を調べることにしましたが，サツキは図鑑には見向きもせず，飼育ケースのヤモリを手のひらにのせてにこにこと眺めていました。

エピソード5には二人の先生が出てきます。自分の考えを口に出したり，子どもに直接声をかけたりしていますが，そこにはどのような教育的な意図があると思いますか。また，サツキはどのような気持ちだと思いますか。一つの場面をとっても，受け取り方は人によって様々でしょう。それぞれの解釈を伝え合いながら，自分にはない捉え方・解釈の仕方を知る機会にしましょう。「子ども理解」とは，保育者が子どものことを一方的に解釈して決めつけることではありません。目の前の子どもの姿から「こういう気持ちかな？」「もしかしたら違う気持ちかも？」と多くの可能性を思い浮かべ，子どもに近づいていくことです。多様で柔軟なものの見方を身につけることが大切なのです。

4 子ども理解のための観察と記録

話が大きく変わりますが，みなさんは，お小遣い帳をつけたことはありますか。あるいは，食事の内容を書き留めたことはありますか。これらも一つの記録です。お小遣い帳や家計簿であれば，お小遣いの適正な管理や貯金など，食事内容の記録は，健康の維持やダイエットなどが目的で行われるでしょう。ではこれらの目的は，記録をとるだけで達成されるでしょうか。つまりお小遣い帳をつけさえすれば貯金ができるのでしょうか。答えは「いいえ」です。お小遣い帳をつけながら，あるいは記録を見返しながら，「洋服を買いすぎた」とか「外食を減らすことができた」と実態を把握し，「着回しを工夫して洋服の購入を控えよう」「このままお弁当を持参して，外でランチする回数を減らし

ていこう」などと今後の改善策を打ち出し，実践していくことが必要です。保育における記録であれば，その目的は「子ども理解」になるでしょう。教育・保育実習などで実習日誌を書いたことがある人ならおわかりになるかと思いますが，記録を書きながら「この子はどんな気持ちだったのか」「私の援助はこれでよかったのか」「明日はどう声をかけようか」など，様々な視点から思いや考えが浮かび上がり，整理されていきます。しかしどの視点も「子ども理解」が土台となるものです。

　ではどういった記録が，子ども理解につながるものとなるのでしょうか。どう観察すれば，子ども理解につながる記録が残せるのでしょうか。残念ながら，「こうすればできます」とお伝えすることはできないのですが，逆に言えばどのような記録でも，以下に述べる事柄を意識していれば子ども理解につながる記録になりえるだろうと考えます。

　まずは，保育の中で，ある一日，ある一定の時間の中の子どもの姿をつぶさに観察し，記録してみてください。そこから浮かび上がるのは，その年齢なりの子どもの特徴かもしれませんし，ある特定の個人の興味・関心や対人関係の特徴かもしれません。

　あるいは，砂場やままごとコーナーなど一つの場所にとどまって，そこでどのように遊びが展開されていくのかじっくり観察してみてください。どのような道具を使うことを好むのか，何に楽しさを感じているのか，友達関係はどうか，年齢によって遊び方は異なるのか，そこから浮かび上がるのは，その年齢・発達段階なりの子どもの特徴や特定の個人の興味・関心だけでなく，その個人の，あるいは子ども集団のよさや課題などかもしれません。

　子ども個人，あるいは子ども集団のよさや課題が見えてきたら，他の場面ではどうなのか，さらに深く追って観察するのもいいでしょう。本当に誰かを理解できたと思えるのは，きっと長い時間をかけていろいろな姿に触れた後だと思います。実習生などの学生の立場では難しいことかもしれませんが，限りある時間の中で多様な姿を捉えようとすることが大切です。

　表情，声の大きさやトーン，動き方（積極的，乗り気でなさそうなど），一つの活動への持続時間など，みなさんが見たいもの，知りたいものへの意識をしっ

かりもって観察に臨むことにより，見えてくるものは違ってきます。実り多い記録にするためには，「何を見ようとするのか」という，皆さん自身の目的意識が最も重要だと言えるでしょう。

 まとめ ・・

　一人一人の子どもを理解することは，保育の基本です。保育は「子ども理解」に基づいて行われます。子ども理解に基づいて計画を立て，援助を行い，評価をして……というように。子どもの理解を深めるためには，子どもを丁寧に観察すること，子どもの様子を思い浮かべながら保育を振り返ることなどが重要です。

・・

 さらに学びたい人のために

○文部科学省『幼稚園教育要領解説』フレーベル館，2018年。
　もちろん，保育所保育指針解説でも，幼保連携型認定こども園教育・保育要領解説でもいいのです。じっくり読むと幼児理解の大切さ，遊びの大切さ，教師の果たす役割の重要性がよくわかり，気持ちが引き締まりますし，保育者という仕事の奥深さにわくわくすることと思います。

○汐見稔幸・加用文男・加藤繁美『これがボクらの新・子どもの遊び論だ』童心社，2001年。
　「遊びとは何か」という永遠の命題に迫る3人の心理学・教育学の研究者による本。平易な文体で，読みやすく面白いです。子どもの遊びを捉える私たちに，新たな気づきを与えてくれます。

第 4 章

発達を見通した
指導計画の作成の理解

●　●　●　学びのポイント　●　●　●

- 指導計画の基本的な考え方を理解する。
- 長期・短期の指導計画がどのように関係しているかを学ぶ。
- 子どもの姿から指導計画を作成する手順を学ぶ。
- 指導計画の具体的な評価を理解する。
- 行事の意義と子どもの姿をどのように捉えるのかを学ぶ。

月の行事から子どもの姿を想像してみよう

① 下記に挙げた月の行事を各月ごとに分けてみましょう。

　1．お正月　2．ひな祭り　3．こどもの日　4．七夕　5．敬老の日　6．七五三　7．節分　8．入園，入学　9．母の日　10.夏至　11.ハロウィン　12.勤労感謝の日　13.クリスマス　14.七草粥　15.お彼岸　16.桃の節句　17.父の日　18.端午の節句　19.十五夜　20.文化の日

4月の行事：	10月の行事：
5月の行事：	11月の行事：
6月の行事：	12月の行事：
7月の行事：	1月の行事：
8月の行事：	2月の行事：
9月の行事：	3月の行事：

② 「七草粥」に興味を持った4人の子どもたちが，自分たちで「七草粥」について調べ始めました。その姿を見た保育者は，この4人の子どもたちにどのような部分が育まれていると感じますか？　幼児期の終わりまでに育ってほしい「10の姿」（複数）を使って考えてみましょう。

1．健康な心と体	7．自然との関わり・生命尊重
2．自立心	8．数量や図形，標識や文字などへの関心・感覚
3．協同性	
4．道徳性・規範意識の芽生え	9．言葉による伝え合い
5．社会生活との関わり	10．豊かな感性と表現
6．思考力の芽生え	

　まずは個人で考えてみましょう。次に，4～5人のグループでお互いが考えた「子どもの姿」を発表しあってみましょう。なぜ，そのように考えたのか，お互いに説明しましょう。

● 導　入 ● ● ● ● ● ● ●

　指導計画は，子どもたちが健やかに成長するために大切なものです。子どもたち
は一人一人違って，自分自身のペースで，自分自身の方法で学び，成長していきま
す。それを理解し，サポートするためには，保育者が子どもたちをよく観察するこ
とや，新しいことにも対応できる柔軟さを持つことが求められます。そして，これ
らの視点から保育者が作るのが指導計画です。指導計画は子どもたちの成長の道し
るべであり，学びや遊びの方法を考え，それを評価し改善するための重要なツール
です。さらに，指導計画はただ作るだけでなく，子どもたちの反応や成長に応じて
柔軟に修正し，より良い指導計画を作り上げることが大切です。

　また，保育においては行事も重要な役割を果たします。行事は子どもたちに新し
い体験の機会を与え，自分自身や他人，そして周りの世界との関連性を感じること
を助けます。行事を通じて子どもたちは自分自身を探求し，社会的なスキルを習得
し，自分が社会の一員であるという感覚を育てていきます。

　これらすべてが子どもたちの健全な成長を促すための大切なツールです。

● ● ● ● ● ● ● ● ● ●

1 指導計画の基本的な考え方

1 子どもたちが元気に育つための方法としての計画

　指導計画とは，保育者たちが子どもたちの成長や学びに対応するための道し
るべのようなものです。保育者たちが保育をする上で一番大変なのは，子ども
たちがみんな一人一人違って，それぞれのペースで，それぞれの方法で学んで
成長していくのに対応していくことだと思います。保育者たちは，全体を見て
進めながら，それぞれの子どもの特別なニーズと能力に合わせた方法を，子ど
もたちと一緒に考える必要があります。これをするためには，保育者たちが子
どもたちをよく観察すること，新しいこと（突発的・偶然など）に対応できるこ
と，そして子どもたちを理解しサポートするための情熱を持つことが大切にな
ります。

　指導計画を作る時，まず大切なのは，子どもたちが今どんな段階にいるかを

理解することです。これは，それぞれの子どもが何を知っていて，何ができるか，どんな気持ちでいるかを知ることです。それには，子どもたちが頭で考える力，体を使う力，人との関わり方，感情をどう扱うか，これらすべてを一緒に考えることが大切です。

2 子どもの姿をどう見るかのポイント

　自分で考える力を理解するためには，子どもたちが情報をどう処理し，どう理解し，それにどう反応するかを見ることが大切になります。それには，子どもたちが問題を解決する力をどのくらい持っているか，言葉でのコミュニケーションがうまくできるか，新しいことを学ぶための読み書きや数字の扱い方などを見ることも含まれます。体を使う力を理解するためには，子どもたちがどんな運動ができるか，どのくらい体を使えるかを見る必要があります。たとえば走ったり跳んだりする大きな運動や，細かいものをつかんだり絵を描いたりボタンをかけたりする日常の動きなども見る必要があります。

　人との関わり方と感情をどう扱うかを理解するためには，子どもたちが自分のことをどう思っているか，他の人とどうやって接しているか，自分の感情や他の人の感情に対する理解を見ることが大切です。子どもたちは，どうやって物や情報を他の人と共有し，コミュニケーションを取り，協力し，問題を解決しているか，また，自分の感情を理解し，表現し，自分自身でコントロールできるか。これらは，子どもたちが人とどう関わるか，感情をどう扱うかを理解するために大切なことです。

　保育者たちがこれらのことを理解することで，それぞれの子どもが学んだり遊んだりする経験を適切に支え，子どもが興味を持つことや成長するために必要なことに合わせて最適な方法を見つけることができると思います。

　次に，子どもがどのように学ぶか，どのように遊ぶかを理解することも大切です。子どもによっては，絵や図を見ることでよく理解できる子もいますし，音楽を聴いたり，話し言葉を通じて学ぶ子もいます。また，自分の手で触ったり動かしたりして学ぶ子もいます。このような子どもたちそれぞれの特性を理

解した上で，保育者が子どもたちに合わせた環境や遊びの仕方を指導計画として具体化することが大切になります。

　さらに，子どもが何に興味を持っているか，何に好奇心を持っているかを知ることも，指導計画を作る上で重要な要素です。子どもが自然と興味を持つトピックや活動は，保育者が子どもの学びや遊びを引き出すための大切なヒントとなります。子どもたちは，自分が興味を持つものについて学んだり遊んだりすると，その情報をより深く理解し，それが自分の性格や人格形成につながることもあります。

3　保育活動のツールとしての指導計画

　子どもの学び方や遊び方，興味を持つものを理解することは，効果的な指導計画を作るための大切な鍵になります。

　指導計画とはただの予め決められた設計図ではありません。それはむしろ子どもたちそれぞれの特性から生まれるものです。指導計画を作るということは，子どもたちの興味や必要性，成長の段階を理解し，それに合わせた活動を考える作業です。この作業の中で大切なことは，子どもたち一人一人の特性や学び方・遊び方を尊重し，それを最大限に引き出す環境を作ることです。また，指導計画を作る方法はいろいろあり，それぞれが保育者の考え方や視点を表現するための有効なツールです。たとえば，マップ型やウェブ型の指導計画は，情報を視覚的に整理し，子どもたちの学びや遊びの進行や成長を引き出すための方法です。これらの方法は，保育者が子どもたちの学び・遊びの特性を深く理解し，それに基づいた保育を考えるためのツールになります。

4　指導計画の修正・改善

　指導計画は確かに大切なものですが，ただの参考資料であり，その通りに進めなければいけないものではありません。指導計画は，子どもたちの学びや遊びの進行を見るための道しるべの一つですが，同時に，保育者には柔軟に対応

する自由度があることも重要だと思います。子どもたちの反応や成長の様子を見ながら，保育者は必要に応じて指導計画を変更し，子どもたちの学びや遊びを最適化することが大切です。指導計画は子どもたちの成長を促進するための活きたドキュメントです。それは，保育者が子どもたちの学びや遊びの特性を理解し，支援し，そして引き出すためのフレームワーク（保育者が保育観において共有する考え方）となります。

2 長期と短期の指導計画

1 2つの視点から見た発達の支援

　長期指導計画と短期指導計画が，どのようにして子どもの成長と発展をサポートするのか，そしてそれらはどのように相互に関連しているのかについて考えてみます。

　長期指導計画は，一般的にはその年齢全体または特定の期間（たとえば，数か月または学期）を通じて達成すべき目標を設定するためのものです。これらの目標は，子どもの発達段階，能力，ニーズに基づいており，子どもが達成するために必要なスキルや知識を明確にします。長期指導計画は保育者が子どもの成長と進行を計画し，その過程を振り返る，もしくは見通すためのフレームワークを示すものになります。

2 長期指導計画で考慮すること

　長期指導計画を作成する際には，保育者は次に示す4点のポイントを考慮し，それぞれに対して詳細な計画を立てます。

　①子どもの発達段階とそれに応じた適切な学び・遊びのスタイルの目標

　これには，子どもの年齢，発達段階，認知能力，社会性，感情的な発達などが含まれます。保育者は，子どもの現在の発達段階を理解し，それに基づいて適切な学び・遊びのスタイルの目標を設定する必要があります。たとえば，そ

表4-1　長期指導計画の例（4歳児クラス6〜8月の場合）

予想される当初の子どもの姿	ねらい「成長への願い」（◎）	内容「具体的に経験したいこと」（○）
●保育者の話をよく聞いて，身の回りのことをしている。 ●自分で食べ進めるが，食事の量やスピードなどの個人差が大きく，時間がかかる子もいる。 ●十分遊べるが，片付けようとしない。 ●気の合う友達と同じ遊びをするようになるが，トラブルになることもある。 ●水遊びを思い切り楽しめる子もいれば，水を怖がる子もいる。 ●年長，年中児の活動に憧れをもち，自分たちで見よう見まねで行おうとする子がでてくる。	◎園の1日の流れがわかり安心して過ごし自分でできることをしようとする。 ◎食事のマナーを知り，楽しい雰囲気の中で，意欲的に食事をする。 ◎遊びの後に片付けることを，繰り返しの中で身につける。 ◎友達と関わって遊ぶ中で相手の気持ちを知ろうとする。 ◎開放感を感じながら夏の遊びを楽しむ。	○衣服の着脱の手順や始末の仕方を知り，できるところは，自分でする。 ○姿勢よく，はしやスプーンを正しく持って食べることを意識する。 ○楽しい雰囲気の中で意欲的に食べる。 ○身の回りのものの安全な使い方や片付け方を知る。 ○多くの友達と関わって遊ぶ。 ○水や泥にふれて，感触やおもしろさを知る。

援助「環境構成」（■）と保育者の配慮（★）	家庭・地域との連携	食育・健康・安全
★意欲を大切にして見守りながら，必要に応じて手助けをする。 ★苦手なところはコツを伝え励ましながら援助していく。（トラウマにならないように注意する。※励ましすぎに注意） ■「ごちそうさま」の時間をあらかじめ知らせ，余裕や見通しをもって食べられるようにする。 ■マナーを守りながら食事できるよう，丁寧に伝える。（※食事中に「しゃべらない」ではなく，状況に応じた「しゃべり方」を伝える。） ★片付け方をわかりやすく示し，片付けをすると次の遊びが安全に楽しめることを話す。 ★お互いの主張や言い分を受け止め気持ちを代弁するなど，相手の気持ちを気づけるようにする。 ■水遊び，水遊びにおいて，それぞれが存分に遊び込めるような素材を用意し，保育者も一緒に楽しむことで，水に親しめるようにする。 ■水遊び，水遊びにおいて，監視者と指導者を分けて配置し，両者で死角が出来ないように配慮する。	●十分な休息や午睡をして，体調管理をする。 ●水遊びの時期なので，「水遊び入水確認カード」などを用いて体調面や衛生面において子どもの様子を連絡ノート以外でも伝え合い，規則正しい生活を送るとともに安全管理の向上を行うようにする。 ●遊びなどが活発になる事を伝え，保護者に着替え等を用意してもらう。	●室内を清潔にし，手洗いやうがいを徹底し，水分補給をこまめにしていく。 ●年長児が育てている夏野菜に興味を持ち，苦手な野菜も少しずつ食べてみようとする。

出所：筆者作成。

れぞれの子どもたちには，自分で自分のものを管理するなどの目標が設定されるかもしれません。

②保育の質を確保するための適切な環境と資源

これには，保育室の環境，玩具・教具・教材の利用，保育活動の指導計画などが含まれます。適切な環境は，子どもに心理的安全性を保障し，学び・遊びに熱中・集中・没頭できる場を提供し，資源はその学び・遊びをサポートします。たとえば，文字に対する興味を発展させるためには，保育室には豊富な絵本や本，手紙などを書くためのスペースなどが必要でしょう。

③子どもが目標に到達するための具体的なフレームワークと方法

保育者は，子どもが学び・遊びの目標を達成するための方法を見通し，それを指導計画に組み込む必要があります。これには，個別指導，プロジェクトごとなどの小グループでの活動，実践的な学び・遊びの経験などが含まれます。たとえば，子どもたちが科学的な概念を理解するためには，観察，実験，探索などを通じて直接体験することが大切です。

これらすべての要素を包括的に考慮することで，保育者はそれぞれの子どもたちのニーズと発達段階に適した長期指導計画を作成します。

3　短期指導計画で考慮すること

一方，短期指導計画は，日々の活動や週単位の指導計画を通じて子どもたちに具体的な学び・遊びの経験を子どもの姿として捉えていくことを目的としています。これは子どもたちが遊び・学びの内容を具体的に経験し，理解を深める機会があったことが表されていきます。短期指導計画は，長期指導計画が定める目標を具体化し，その実現に向けたステップとして捉えることもできると思います。

短期指導計画を作成する際には，保育者は次に示す4点のポイントを考慮し，それぞれに対して詳細な計画を立てます。

①子どもの興味と学び・遊びのスタイルに基づいた活動の選択

子どもたちは，自己選択による学び・遊びの活動によりエンゲージメントが

表4-2　短期指導計画の例（4歳児クラス週案の場合）

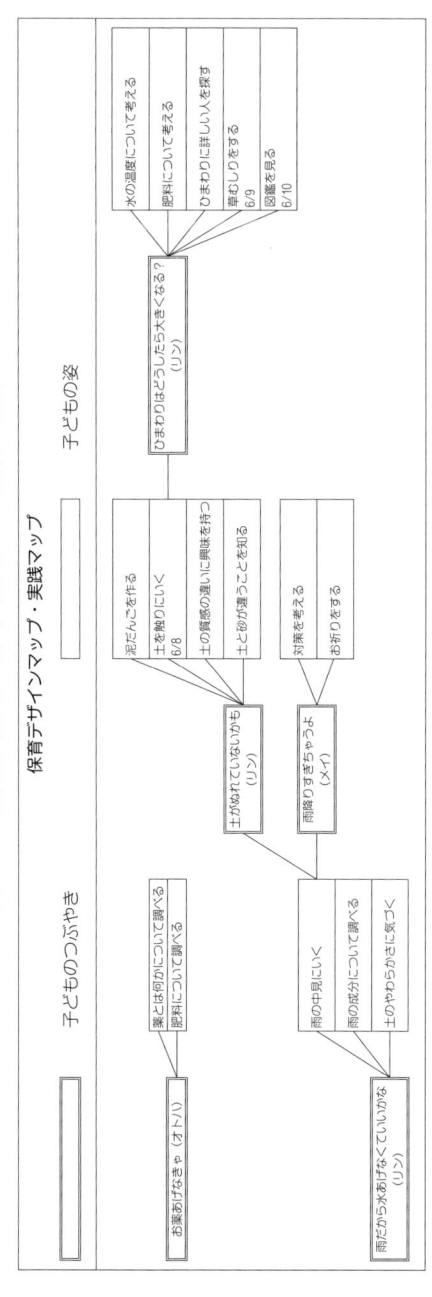

保育デザインマップ・実践マップ

子どもの姿

子どものつぶやき

お薬あげなきゃ（オハル）
　葉とは何かについて調べる
　肥料について調べる

雨だから水あげなくていいのかな（リン）
　雨の中を見にいく
　雨の成分について調べる
　土のやわらかさに気づく

土が乾いていないのかな（リン）
　泥だんごを作る
　土を触りにいく　6/8
　土の質感の違いに興味を持つ
　土と砂が違うことを知る

雨降りのすきちゃった（メイ）
　対策を考える
　お祈りをする

ひまわりはどうしたら大きくなる？（リン）
　水の温度について考える
　肥料について考える
　ひまわりに詳しい人を探す
　草むしりをする　6/9
　図鑑を見る　6/10

ねらい（◎）・内容（○）
◎植物の成長を色々な方法で確かめながら、世話をしたりする中で、植物の性質や仕組みについて気づいたり発見したりして楽しむ。
○雨の中、ひまわりの様子を見にいく。

援助
環境構成（■）・保育者の配慮（★）
■図鑑を用意し、ひまわりの性質など調べられるようにしておく。
★驚き・発見に対して一緒に共感しながらまわりの成長を楽しむ。

保育者の行動・反省
雨の日が続き、雨だから水あげなくていいんじゃないかとつぶやいている子がいた。雨上がりに畑の土を触ってみるとぬれていないことがわかり、ひまわりのまわりによっての降水量によって含水量が水をあげなければいけないことがわかった。また、雨粒を手にのせてみると丸のように広がったり花のような形になったりしている子がいた。雨になると知り、もしかしたら雨の形は花ではないのかと言っている子がいた。図鑑でひまわりを調べているとタネから油ができることを知り、ケーキ作りに利用できる形になると知り、どのようにすればできるのか調べていく。どのようにすればできるのか調べていく。

出所：筆者作成。

深まる傾向があります。したがって，子どもたちが興味を持つテーマやトピックに基づいた活動を保障することは重要だと思います。さらに，子どもたちは異なる学び・遊びのスタイルを持っています。視覚的に，聴覚的に，体験的に，などの異なる学び・遊びのスタイルを持つ子どもたちを考慮して，多様な学び・遊びの活動を保障する環境を整えることが有効だと思われます。

②子どもの学び・遊びと参加を保障するための適切な方法

子どもの学び・遊びと参加を保障するために，保育者は適切な方法を採用する必要があります。これには，問いを通じて子どもたちの思考を深める，具体的なフィードバックを提供して子どもたちの理解をサポートする，子どもたちの探究心を喚起するための環境設定をすることなどが含まれるでしょう。

③活動の結果を観察し，評価するための具体的な方法

保育者は，子どもたちの学び・遊びの経験を評価し，それらの情報をもとに指導計画を調整するために，観察と評価を調整する必要があります。これには，作品の収集，行動の観察，子どもたち自身からのフィードバックの収集などが含まれます。

これらの要素をすべて考慮することで，保育者は，日々の活動や月・週単位の計画を通じて，子どもたちの具体的で有意義な学び・遊びの経験をサポートすることができます。これにより，短期指導計画は子どもたちの発達と学び・遊びを日々サポートし，長期指導計画が目指す目標へ導いていく役割を果たします。

4 2つの指導計画が絡み合って子どもの姿を現す

長期指導計画と短期指導計画は，どちらも保育者が子どもの学び・遊びの経験を最適化する上での重要な要素であり，それぞれが異なる目的と役割を果たしていきます。

長期指導計画は，保育者が子どもの成長と発展に対する全体的なビジョンを明確に表現するためのツールです。これは，子どもたちの生活の目標，学び・遊びの環境，そしてそれらの保育フレームワークを示します。長期指導計画は

保育者にとってコンパスのようなもので，子どもたちの発達と学び・遊びの旅をガイドするための大きな方向を示すものとなります。

　一方，短期指導計画は，この全体的なビジョンを日々の保育活動に具体化するためのフレームワークを提供します。これは，子どもたちが具体的な学び・遊びの経験を通じて理解を深め，新たなスキルを獲得し，知識を発展させるために重要だと思います。これは，長期指導計画で定義された目標を，日々の活動，プロジェクト，そして経験に変換するための具体的なステップと捉えることができます。

3 個々の子どもの姿からの指導計画作成

▨1　指導計画作成の手順

　具体的な子どもの姿から指導計画を作成する際には，保育者は次に示す5つのポイントを考慮します。ここでは，個々の子どもの発達の特性やニーズに対応した指導計画を作成するための手順について考えます。

　①子どもの興味，能力，ニーズ等を観察し，記録する

　子どもの行動や反応，興味・関心，技能，情緒的ニーズを観察し，記録します。保育者は子どもたちと一緒に過ごし，彼らがどのように物事を理解し，反応し，どのように課題に取り組むかを注視することが大切だと思います。これには，子どもたちが好む学び・遊びや活動，友達との関係，物事に対する理解の仕方（接し方），学び方，新しい情報やスキルを獲得するペースなどが含まれます。これらの情報は，保育者が子どもたちの学び・遊びの経験を個々に適応させ，指導計画を調整するための重要な要素になります。

　②子どもの発達段階を理解し，それに応じて学び・遊びの見通しを設定する

　子どもの発達段階を理解し，それに応じて適切な学び・遊びの見通しを設定することが大切だと思います。保育者は，子どもが何を学び，遊びの中から何を獲得しているのか，どのように学び・遊ぶべきかを決定するために，子どもの発達段階と学び・遊びのニーズを考慮することが大切です。幼児期の終わり

までに育ってほしい10の姿などで，それらの見通しを立てる習慣を確立することが，評価などを行う際に役に立ってくると思います。

③子どもが達成できる具体的な活動を計画する

学び・遊びの目標を設定したら，その目標を達成するための具体的な活動を計画します。これらの活動は，子どもが自然に楽しんで取り組めるものであると同時に，設定した学び・遊びの目標が活動や環境に反映されていることが大切です。たとえば，手作りのアートプロジェクトやゲーム，コーナー遊び，簡単な実験など，様々な方法で行うことができます。

④活動を実施し，子どもの反応と進行状況を観察する

保育者は，活動を通じて子どもの学び・遊びと反応を観察します。これには，子どもが活動にどの程度関与しているか，活動が学び・遊びの見通しと一致しているか，学び・遊びの見通しが合っていたか，子どもが新しいスキルを獲得しているか，子どもが楽しんでいるかなど，様々な要素が大切だと思います。活動は，決して学び・遊びの見通しを達成させるものではないということを保育者自身が知っておくことが重要です。

⑤活動の結果を評価し，必要に応じて計画を調整する

最後に，保育者は，子どもの学び・遊びの結果を評価し，活動の効果を検証します。これは，子どもが学び・遊びの見通しを達成できたかどうか，活動が子どもの興味やニーズに適していたかどうか，何がうまくいき何がうまくいかなかったかを理解するために重要です。この情報は，保育者が次の指導計画を作成するための貴重なフィードバックを示すことになります。必要に応じて計画を調整し，必要な改善を行うことで，保育者は子どもの学び・遊びの経験を最適化し，発達と学び・遊びの見通しを修正することで，多様化した子どもたちの活動をサポートすることができるようになります。

2　指導計画作成にあたって考慮すべきポイント

子どもたちはそれぞれ異なる学び・遊びのスタイルを持っています。たとえば，一部の子どもは視覚的に学び，他の子どもは身体的な活動を通じて学びま

す。保育者としては，これらの違いを認識し，それに応じて計画を調整することが大切です。

　指導計画は，あくまで子どもの発達をサポートし，学び・遊びを促進するためのツールです。それは一方向的に子どもを特定の結果に向けようとするものではなく，子どもたちの自然な好奇心と探求心を尊重し，それらを育むためのものであってほしいと思います。具体的には，保育者は子どもたちの興味や関心に基づいた活動を保障し，それらを通じて学び・遊びの見通しを最適化するための環境をデザインし，もし設定した見通しが違っていたら，新たな見通しから最適化された環境を再度デザインしなおすことが大切です。

　また，指導計画は，子どもたちの独自性と個々の成長パターンを認識し尊重することが前提となっていることが大切です。すべての子どもが同じペースや方法で学ぶわけではないという事実を理解することが大切です。したがって，指導計画は，子どもたちが自分自身のペースで学び，自分自身の方法で情報を理解し処理することを可能にするように考慮されなければいけません。

4 指導計画の効果的な評価

1 発達をわかりやすく表現する評価

　指導計画の成果をどのように評価するか，それが保育者が子どもの発達をサポートすることとどのように関係するか，またどのように学び・遊びへとつなげているかについて考えてみます。

　指導計画の評価は，指導計画が子どもの発達を適切にサポートし，見通しに沿った学び・遊びの経験を提供しているかを判断するための重要なプロセスです。また評価は，保育者にとって，子どもの遊び・学びの進行状況を把握し，計画の見通しの過程を確認し，必要に応じて計画を改良または調整するために大切な要素になります。

　指導計画の評価をする際には，保育者は以下の4点を考慮する必要があります。指導計画の評価は，子どもが活動にどのように関与し，どのように反応す

るかを理解するための強力なツールになります。

①観察

観察は，子どもの学び・遊びを評価する最も直接的な方法になります。保育者は，子どもが活動中にどのように振る舞い，どのように反応し，どのように学んでいるかを観察します。観察によって，保育者は子どもの行動，表現，興奮度，集中力，コミュニケーションスキル，問題解決スキルなどを見ることが可能になります。観察は保育者にとって，子どもの理解度，興味，技能，挑戦などを直接的に評価する手段であり，これによって指導計画が適切であるかどうかを見極めることができるようになります。

②ドキュメンテーション

子どもの行動や作品を記録することで，その学習の過程と進展を評価することが可能になります。これには，子どもの作品，作業の写真，音声やビデオの録音，子どもの発言の記録などが含まれます。これらのドキュメンテーションは，子どもが学び・遊びを行った内容，スキルの獲得，思考の発展などを具体的に示すことができます。また，これらは後で見直すことができ，子どもの成長と発展を追跡するための価値あるリソースになります。

③子どもの作品や行動の分析

子どもの作品や行動の分析を通じて，保育者は子どもの学び・遊びの体験をより深く理解することができるようになります。これには，子どもが作成したアートワーク，物語，模擬遊び，ゲーム，問題解決の方法などが含まれます。これらの行動や作品を分析することで，保育者は子どもの思考過程，理解度，技能の獲得，創造性，想像力，課題へのアプローチなどをより詳しく評価することが可能になります。

④子ども自身からのフィードバック

子ども自身からのフィードバックは，保育者が子どもの学び・遊びの経験を理解するための重要な情報源になります。保育者は，子どもに直接質問をしたり，対話を通じて子どもの視点を理解したりすることが可能になります。これによって，保育者は，子どもが自分の学び・遊びの経験をどのように感じているか，何がわかりやすかったか，何が難しかったか，何を楽しんだか，何が興

味深かったかを理解することが可能になります。

　これらの評価方法を組み合わせることで，保育者は子どもの学び・遊びの経験の全体像をイメージすることが可能になります。それぞれの方法が異なる視点を提供し，それらを合わせて考慮することで，保育者はより深い理解を得て，指導計画を適切に調整することができます。

▋2　指導計画を調整・改善すると評価が進化する

　さらに，評価が積み重ねられることで，保育者が子どもの発達を理解し，指導計画を調整・改善し，追加の支援やリソースを提供するための大切な情報源となります。前項で見た4点を考慮した評価を積み重ねることで，以下のようなものが得られると考えます。

　①スキルや概念の理解に苦労している子どもの支援

　評価を通じて子どもが特定のスキルや概念の習得に難しさを感じていることが明らかになった場合，その問題が何なのかを推測することが，解決策を提供するための手がかりとなります。たとえば，子どもがコミュニケーションをとるのに苦労している場合，保育者は追加のサポートを提供するために，個別または小グループでの保育環境を増やす，または専門的な支援を求めることができます。

　②子どもの興味に基づいた指導計画の調整

　一方で，評価の積み重ねによって子どもが特定の活動やテーマに強く興味を持っていることが明らかになった場合，その情報は指導計画を調整・改善するための価値ある情報となります。たとえば，子どもが恐竜や宇宙に深い興味を示している場合，保育者はそれらのテーマを多くした保育環境をデザインすることで，子どもの興味と学習を深める機会を提供することが可能になります。このように，保育者は子どもの興味を引き出し，それを活用して学び・遊びの深化と拡大を促進することが可能になります。

　③追加のサポートやリソースの提供

　評価の積み重ねは，子どもが追加の支援やリソースを必要としていることを

特定するのに役立ちます。たとえば、子どもが特別な保育ニーズを持っている
か、言語的な障壁に直面している場合、評価の積み重ねはそれらのニーズを見
える化し、適切なサポートもしくは専門的な支援を求めるなどの、その子に応
じた次の計画を立てるのに役立ちます。

　これらの方法を通じて、評価の積み重ねは保育者にとって、子どもの学び・
遊びの経験を理解して、それに対応した次の指導計画を作成するのに役立ち、
子どもの学び・遊びと発達を最大限に支援するための重要なツールとなります。

　このように、指導計画の効果的な評価は、子どもの学び・遊びと発達を最大
限に促進するために必要な調整・改善を行うための大切な要素になります。保
育者として、子どもの発達をどのようにサポートし、学び・遊びへとつなげて
いるかを理解し、考慮に入れながら、評価をしていくことが大切です。

5 子どもと行事

■1■ 行事の意義と保育園での取り組み

　保育のコンテキスト（保育を取り巻く社会の文化・背景・状況など）として行事
が果たす役割と、それが子どもの発達にどのように貢献するかについて考えて
みます。

　行事は、子どもたちにとって、新しい経験をする機会、共同体の一部である
ことを感じる機会、そして学びを深める機会となります。特定の祝日や季節の
節目、文化的な祭りなど、様々なテーマに基づいて計画される行事は、子ども
たちにとって非日常的な体験をもたらし、その心を刺激します。

　園での行事は、子どもたちが自分自身や他の人々、そして自分たちの周りの
世界と関連性を感じるための重要な機会を提供します。これは、自分自身のア
イデンティティを探求する機会を提供し、①自己認識と自尊心を育てます。ま
た、他の人々やコミュニティとのつながりを深めることで、子どもたちは②社
会的なスキルを習得し、自分が③社会の一員であるという感覚を育てていきま
す。園での行事を考える際には、上記の要素を考慮する必要があります。以下

で，それぞれについて詳細に考えてみます。

①自己理解と自尊心の発達

行事は，子どもが自分自身という存在をより深く理解するための機会となります。たとえば，子どもが役割を演じるお祭りや発表会では，子どもが自分は何者で，どのような能力を持っているのかを理解する機会になります。自分を理解し，それを他人と共有することで，自尊心と自信が育まれていくのです。さらに行事は，子どもたちが自分たちの個性や興味，才能を発見し，それを認識し，尊重することを学んでいく機会として捉えることもできると思います。

②社会的スキルの習得

園の行事は，他の人との交流の場であり，社会的スキルを習得するための重要な機会です。共同で活動を行うことにより，子どもたちは協力，共感，問題解決，交渉などの社会的スキルを学んでいきます。これらのスキルは，他者との良好な関係を築くために不可欠であり，子どもたちがより大きな社会に適応するために大切は要素になります。

③社会の一員であるという感覚

行事を通じて，子どもたちは，自分が家族，友人，地域社会の一員であるという感覚を学ぶ機会となります。行事は，自分たちの属するコミュニティとつながりを持つ機会であり，そのコミュニティの文化や価値を理解する手段となります。それは子どもたちに，自分たちが大きな社会の一部であり，その中で貢献し，影響を与えることができるという感覚を育てるきっかけになると思います。

以上のように，園での行事は，子どもたちの心と社会とのつながりを深め，成長と発達を促進するための大切な機会となります。

2　行事は「まず楽しく」

行事は子どもたちにとって，楽しく刺激的な経験であり，学び・遊びの意欲を高めます。行事を通じて，子どもたちは新しい概念や情報を学び，自分たちの理解を深めることができると思います。これらの経験は，子どもたちの好奇

心を刺激し，様々なテーマや問題について学ぶ意欲を膨らませるきっかけになります。

したがって，園での行事は，子どもの発達と学び・遊びの一部として重要な位置を占めます。保育者としては，行事を通じて子どもたちの学びと発見の機会となることを認識することと，その経験を深め理解を広げるための活動を計画することが大切です。これにより，行事は単なる楽しみや祝い事であるだけでなく，以下のような点で，子どもたちの学び・遊びと発達を促進する重要なツールになります。

①教育的価値の強調

行事は，楽しさと教育的価値を兼ね備えています。たとえば，夏の園外保育は，子どもたちが植物や昆虫に触れて学ぶ機会となります。また，1月7日に七草粥を食べて祝う慣習は，その一年の健康を祈り，お正月の食事で弱った胃を休めるためのものであるといった行事の理由や背景を知ることも大切です。

②体験からの学習

行事は，実際の経験を通じて子どもたちの学び・遊びの絶好の機会となると思います。これは，園内・保育室内での保育だけでは得られない深い理解を可能にするばずです。たとえば，SDGsなどの環境に対する考えを学んだ際には，園外活動時にゴミ拾いを行ったりして，行動の重要性を理解することができます。

③社会性の育成

行事は，コミュニティの一員として行動することを伝え，子どもたちの社会的スキルを育てるための機会となると思います。それは，協力，共感，優しさといった価値を体現する機会という捉え方もできます。たとえば，慈善イベントなどに参加することで，他者への配慮や共同作業の重要性を学ぶことができます。

このように，行事は単に楽しむだけではなく，子どもたちの教育・保育的な発展に貢献する機会となります。保育者はこれらの機会を活用し，子どもたちの学びを深める活動を計画することが大切です。これらの活動は，子どもたちが自分自身，他人，そして自分たちが生活する世界を理解することをサポート

するでしょう。

 まとめ ··

　指導計画とは，子どもたちが元気に育つために保育者が作るフレームワークのことです。子ども一人一人が異なる成長のペースや方法を持っているため，子どもたちの興味や成長段階を理解し，それに合わせた活動を考えることが大切です。しかし，指導計画は絶対的なものではなく，子どもたちの反応を見て柔軟に対応し，必要に応じて変更することも大切だということを学びました。

　指導計画の評価は，計画が子どもの成長を適切にサポートし，学び・遊びが進んでいるかを判断するためのプロセスです。評価を通じて，保育者は子どもの発達を理解し，計画を改良・調整し，追加の支援を提供することができます。さらに，保育における行事は子どもたちにとって大切な経験です。子どもたちは，行事を通じて新しい経験をするとともに，自分が社会の一員であることを感じ，自己認識と社会的なスキルを育むことができます。

··

 さらに学びたい人のために

○大豆生田啓友（編著）『0～5歳児　子どもの姿からつくる　これからの指導計画』チャイルド本社，2023年。

　「子ども主体の保育」が浸透する現在，古風な「書き写す」タイプの指導計画から，具体的な子どもの姿に合わせた指導計画へとシフトしてきている様子がよくわかります。この本は，その過程の実例を共有し，計画作成から振り返り，そして次なる課題まで，様々な現場の具体例が満載で，これからの指導計画作りに役立つヒントが書かれています。

○大豆生田啓友（編著）『園行事を「子ども主体」に変える！』チャイルド本社，2021年。

　「子ども主体の保育」が注目される一方で，「園行事」はまだ変革が難しい面があります。この本では，「子ども主体」の園行事を実現してきた実例を紹介しています。「子どもが変わる／保護者が変わる／保育者が変わる」の3つの視点から，新しい園行事の在り方が探求され，これからの行事の計画作りに役立つヒントが書かれています。

第 5 章

事例で学ぶ
保育の基本的な考え方

● ● ● 学びのポイント ● ● ●

- 「環境を通して行う保育」について学ぶ。
- 「生活や遊びを通しての総合的な保育」について学ぶ。
- 「子どもの主体性を尊重する保育」について学ぶ。
- 「個と集団の発達を踏まえた保育」について学ぶ。
- 「養護及び教育を一体的に行う保育」について学ぶ。

① 認定こども園の5歳児クラスで，野菜を育てていました。ナスが大きくなってきたので，明日ピザに乗せて食べようということになりましたが，次の日登園すると，収穫予定のナスがカラスに食べられて地面に転がっていました。

• 子どもたちは，食べられたナスを見て，どのようなことを感じ考えたでしょうか。想像してみましょう。

• その後，クラスでどのようなことを話し合って問題解決をしたでしょうか。その後の子どもの様子や活動を，予想してみましょう。

② 認定こども園の3歳児クラスで，散歩に行き木の実や落ち葉を拾いました。

• これらの木の実や落ち葉を使って，どのような遊びが展開できるでしょうか。

• 写真の環境構成にはどのような意図があるかを考えましょう。また，子どもたちが思わず遊び始めたくなるような環境構成を考え，図に書いてみましょう。

● 導 入 ● ● ● ● ● ● ●

　幼保連携型認定こども園教育・保育要領解説には，こども園における教育保育は，「園児自らが積極的に事物や他者，自然事象，社会事象など周囲の環境と関わり，体験することを通して，生きる力の基礎を育て，発達を促すものである[*1]」とあります。そのためには，保育者が，子どもが何に興味を持ち，どのように関わろうとしているかを理解する必要があります。子どもの表情や目線の先，発する言葉，手先の動きや具体的な行動をもとに，子どもの興味関心はどこにあるのか，どのような環境に出会うことが必要かを予測し，意図的に環境を構成することが大切です。この章では，幼保連携型認定こども園教育・保育要領等を中心に，子どもが心を動かし自ら環境に働きかけて豊かな経験を重ねていく事例をもとに，保育の基本的な考え方について述べていきます。

● ● ● ● ● ● ● ● ●

1 環境を通して行う保育

　子どもは，生活や遊びの中で身近な環境から様々な刺激を受けます。物や人から刺激を受けて興味を持ち，豊かな経験を積み重ねることで充実感や満足感を得ることができます。さらに環境に深く関わることで，試行錯誤したり，考えたり，工夫したりし，友達の刺激を受けて世界を広げていきます。子どもたちが日々の遊びや生活の中で，発達に必要な様々な経験が得られるようにするために，保育者は子どもの興味や関心に合わせて豊かな環境を用意する必要があります。

　その中でも，自然環境は日々の生活に変化をもたらすものです。その不思議さに子どもは心動かされ，自らその環境に関わりたいと思うようになります。

　園庭に様々な実のなる木が植えられているところが多くあります。アラカシやクヌギやマツ，メタセコイヤなど様々な種類が見られます。子どもたちはそ

────────────────

＊1　内閣府・文部科学省・厚生労働省「幼保連携型認定こども園教育・保育要領解説」（2018年）第 1 章「総則」第 1 節「幼保連携型認定こども園における教育及び保育の基本及び目標等」1「幼保連携型認定こども園における教育及び保育の基本」(5)「計画的な環境の構成」。

の木の実を拾って，ままごと料理に使ったり，ひもをつけてネックレスにしたり，ケースに入れて音を楽しんだり，木の実を様々なものに見立て，イメージを広げて遊びます。

　また，ザクロやヤマモモやビワ，カキ，ミカン，姫リンゴなど，季節によって実のなる木々が園の中にあることは，園生活を豊かにする環境のひとつと言えます。黄緑色の固い柿の実が，徐々にオレンジに色づいていく様子などの植物の変化は，子どもの観察力を豊かにし，環境へ主体的に関わるきっかけになることがあります。

　もし，園庭の木の実が熟してきたことに子どもたちが気づいたら，あなたが保育者だったらどうしますか。子どもたちのためにと思って，保育者が収穫し，食べられるようにしてあげることもあるかもしれません。しかし，子どもたちが環境や物に主体的に関わるためには，保育者が主導するよりも，子どもの気づきを待ち，子どもの考えに耳を傾け，子どもがやりたいことの実現を援助することが大切です。

エピソード１　「アンズを見つけた」（５歳児）

　園庭でアンズの実がいくつもなっているのを見つけた５歳児の子どもたちが，保育者に声をかけて一緒に収穫し，どうやって食べようか相談をしています。そのまま食べてもあまりおいしくないことを知った子どもたちは，「ゼリーにして食べよう」と決めたようです。そして，自分たちだけでなく「みんなにも食べてもらいたいからゼリー屋さんをしよう」と決めたようです。

　まずは手順から相談したようです。実を優しく洗う，皮をむいて種を取る，小さく切って大きなお鍋に水を入れてぐつぐつ煮る，ゼリーの素を入れてカップに入れて冷やす。みんなにわかるように紙に書いたものを確認しながら進めています。そして今日はどこまで作るか，明日の何時からゼリー屋さんを始めるか，見通しを立てながら，子どもたち同士で相談をしています。

　また，「アンズゼリー屋さん」のお店に必要なものを考え，看板を作る子や，机を並べてゼリー屋さんの店構えをしつらえる子，お店に来た人が

順番に並べるように足元にテープを貼る子など，自分の役割を見つけて準備しています。

　宣伝効果のおかげで，すぐに行列ができ，あっという間に70個ほどの小さなゼリーは売り切れました。「早かったなぁ」とつぶやく顔は満足そうでした。自分たちがおいしく食べたいという目的から始まったゼリーづくりでしたが，ゼリー屋さんを開店するプロセスが楽しかったことで，その後も，園内で収穫できる果物を使ってクッキングやお店屋さんをする姿につながっていきました。

　衛生面や，アレルギーの配慮等は保育者が慎重かつ十分に配慮し，子どもがやりたいことを主体的に展開できるように，必要に応じて環境を用意します。子どもの行動の理解と予想に基づき計画的に環境を構成することが大切ですが，年齢によっては，子どもが自ら必要なものを探し出すことが，見通す力や環境をつくり出す力につながります。どこに行けば道具を借りることができるか，材料はどのように調達するのかを子どもと共に考えることで，自分たちの力でできたという自信になり，次への挑戦につながります。企画する力や見通す力，協働する力や創造力など，子どもの主体性が発揮されるときは，様々な力が同時に育つときですから，保育者は子どもの「やりたい」思いを大切にしながら，先回りをしすぎないように活動を支援することが大切です。

写真5-1　「種を取ってから切ろう」　　　写真5-2　「もうちょっと入れて」

2 生活や遊びを通しての総合的な保育

子どもは遊びや生活の中で，発達に必要な様々な経験をします。その遊びが継続し深まり，発展していく様子を見ていると，一側面だけでなく様々な能力が総合的に絡み合って伸びていく様子が見られます。

幼保連携型認定こども園教育・保育要領解説には「遊びを通して総合的に発達を遂げていくのは，園児の様々な能力が一つの活動の中で関連して同時に発揮されており，また，様々な側面の発達が促されていくための諸体験が一つの活動の中で同時に得られているからである[*2]」と書かれています。

5歳児になると，子どもたち同士で刺激しあい，いつしか協働的な活動に発展し，学びが深まっていく様子が見られることがあります。保育者は子どもが生み出す活動の展開に合わせて環境を用意し，子どものやりたいことと保育者が育てたい子どもの力を両立できるような保育の展開を見通し，活動の充実を図ることが大切です。

> ### エピソード2 「花の色を残したい」（5歳児）
>
> 春は園庭の様々な草花が色とりどりに咲き始めます。子どもたちはその花を摘んですりこぎで花をつぶし，色水が出るのを楽しみます。きれいな色水も，部屋に置いていると，数日後には色が濁って変化し，水が腐ってくることに気づきます。「せっかくきれいな色が出たのに」「どうやったらきれいなまま残るのかなあ」と考えます。にじみ絵にしたり，スライムにしたり試しますが，数日後には絵の色が落ちたり，スライムが腐ってしまい，なかなかうまくいきません。
>
> そんなとき，子どもたちが図書室で「草木染め」の本を発見します。見

[*2] 内閣府・文部科学省・厚生労働省「幼保連携型認定こども園教育・保育要領解説」（2018年）第1章「総則」第1節「幼保連携型認定こども園における教育及び保育の基本及び目標等」1「幼保連携型認定こども園における教育及び保育の基本」(4)「幼保連携型認定こども園における教育及び保育の基本に関連して重視する事項」③「遊びを通しての総合的な指導」のイ「総合的な指導」。

てみると，鍋で草花を煮て，布に色を残すことができることを知りました。本を見ながら，必要な材料を保育者と一緒に揃え，さっそく実験を始めました。きれいに布が染まると，他にもいろいろなもので色が出るのか試してみたい気持ちが膨らんできます。園庭の草花だけでなく，よく食べている野菜や果物からも色が出るかもしれないと考え，ナスやリンゴや紅茶の出がらし，そして，玉ねぎの皮が予想以上にきれいな黄色に染まることを発見します。また，輪ゴムや洗濯ばさみで布をしばったり押さえたりすることで，模様がつくことを知ります。

　そのうち，草木染めに詳しい保護者から，うまく染まるコツを教えてもらったり，そのための材料を提供してもらったりするようになり，家庭も巻き込み大掛かりになってきました。

　草木染めの手順は次のとおりです。①染める布を豆乳に浸し乾かしておく。こうすると色が入りやすい。②洗濯ばさみや輪ゴムで模様をつける→布をミョウバン液に 5 分ほど浸す。③鍋に水を入れ，草花または果物など色の出るものを入れる。④10分ほど煮て，洗濯ネットやガーゼなどでこす。⑤熱い染汁に布を浸し15分ほどおく。⑥水洗いして，洗濯ばさみや輪ゴムを外す。⑦乾かす。

　できあがると，自分たちで作った色で染めた世界に一つだけのハンカチを嬉しそうに見せ合っていました。

　できあがるまでの工程は，手間も時間もかかり，また失敗もある中で，あきらめないで挑戦できたのは，5 歳児の見通しを持つ力と，目標に向かう力，自信が育っていたからだと考えられます。また，保育者が初めから必要な道具や素材を揃えておくのではなく，集めたいと思えるような箱を用意したりすることで，子どもたちが，本や図鑑などから情報を取り込み，必要な材料を探しに行き集めていました。

　子どもの色水遊びをきっかけに，大掛かりな「染め物プロジェクト」に展開していった事例ですが，多様な活動内容や教材の中から，今，子どもたちが興味関心を持っていることに関連させながら活動を発展させていくことが，子どもの育ちにつながることがわかります。保育者はその時期の子どもに育てたい

写真5-3　「草木染めってなんだろう」　　写真5-4　「草花をぐつぐつ煮よう」

力を意識し，子どもの遊びの中から総合的に発展できる活動を探ることが必要です。そのためには，日ごろから子どもの興味や関心や疑問に耳を傾け，教材研究を積み上げていく努力が大切だと言えるでしょう。

3 子どもの主体性を尊重する保育

　幼保連携型認定こども園教育・保育要領解説には，「園児が意欲をもって積極的に周囲の環境に関わっていくこと，すなわち，主体的に活動を展開することが乳幼児期の教育及び保育の前提である。園児が主体的に活動を行うことができるか否かは環境がどのように構成されているかによって大きく左右される[*3]」とあります。

　子どもが「やりたい」「こうしたい」とつぶやいたときに，保育者はどこまでその実現に向けて援助できるでしょうか。保育者も重要な環境の一つです。子どもの「やりたい」活動によってどのような力が育つ可能性があるかを視野に入れ，柔軟な考えをもって活動計画を見直し，環境を再構築する必要があります。

---

* 3　内閣府・文部科学省・厚生労働省「幼保連携型認定こども園教育・保育要領解説」（2018年）
　　第1章「総則」第1節「幼保連携型認定こども園における教育及び保育の基本及び目標等」1
　　「幼保連携型認定こども園における教育及び保育の基本」(5)「計画的な環境の構成」①「園児
　　の主体的な活動と環境の構成」。

エピソード3　「幼稚園に泊まりたい」（5歳児）

「幼稚園最後の日に何をしたい？」と，預かり保育の5歳児の子どもたちに聞いてみると，「みんなで幼稚園に泊まりたい」と言い出しました。保護者に聞いてみると全員賛同したので，早速，子どもたちの「お泊り」に向けての話し合いが始まりました。「ごはんはどうする？」「テラスに寝転んでみんなで星を見たいなあ」「夜の幼稚園を探検してみたい」「肝試しをしよう」と，アイデアが次々に出てきます。

まず，一番やりたかった肝試しについて，どこを通るか意見を出し合っているときに，言葉でのやり取りではわかりにくいと感じた子が，幼稚園の地図を簡単に描いて「ここってこと？」とその地図に書き込みながら話し合いを進めていました。卒園前の5歳児ですから，今まで様々な場面で話し合い，自分たちで決めてきたので，話し合いの進め方が非常に上手くなっています。「裏庭のかかしのところにお化けカードを隠しておこう」「グループに分かれてお化けカードを見つけて帰ってくればゴールにする？」「真っ暗だったら危ないからライトを持って行こう」「近道はダメ。かかしのところを通って上がってくることね」と具体的に話し合い，みんなの合意のもとに話が進んでいきました。

次はごはんのカレー作りです。作り方を知っている子が，作り方をまとめてくれたものをもとに，説明しています。その後，グループごとに材料を相談し，それぞれ家から持ってくるものを決めていたので，グループごとに味の違うカレーができあがりました。

夕食の後，みんなで踊ったり，コントを披露したり，肝試しも盛り上がりました。寝る前にテラスに寝転がって星を見る予定でしたが，残念ながら雨のため星空ツアーは中止になりました。代わりに作っておいたLEDランタンを灯しながら就寝しました。

次の朝，思い出の詰まった園庭の遊具の前で記念撮影をし，「これでやりたいことは全部やった」と達成感をもって卒園していきました。

計画から準備まで，自分たちで話し合って決めて実行した卒園前の5歳児の活動事例です。保育者は，話し合いを見守り，子どもの活動が安全に行われる

写真5-5　園内の地図を描いて話し合う

写真5-6　カレーも自分たちで作る

ように援助していきました。

　子どもたちは，卒園までの様々な主体的な活動を通して，自己実現に向けて能力をつけていきます。そのエネルギーとなるものが主体性であると捉えると，保育者は，日々の生活の中で子どもの主体性の芽を摘み取ることなく，大切に育んでいくことを大切にしたいものです。

4　個と集団の発達を踏まえた保育

　乳幼児期は，子ども一人一人の発達や興味関心も大きく異なります。

　幼保連携型認定こども園教育・保育要領解説には，「園児は，一人一人の家庭環境や生活経験も異なっている。それゆえ，園児一人一人の人や事物への関わり方，環境からの刺激の受け止め方が異なってくる。（中略）園児はその園児らしい仕方で環境に興味や関心をもち，環境に関わり，何らかの思いを実現し，発達するために必要ないろいろな体験をしているのである[4]」とあります。

　そのためには，保育者は，子ども一人一人が何に興味関心を持っているのかを把握し，また，どのように育とうとしているのかを考え，それに合わせて環

＊4　内閣府・文部科学省・厚生労働省「幼保連携型認定こども園教育・保育要領解説」（2018年）第1章「総則」第1節「幼保連携型認定こども園における教育及び保育の基本及び目標等」1「幼保連携型認定こども園における教育及び保育の基本」(4)「幼保連携型認定こども園における教育及び保育の基本に関連して重視する事項」④「園児一人一人の発達の特性に応じた指導」のア「園児一人一人の発達の特性」。

境や教材を用意し，関わりを工夫することが大切です。

　しかし，集団活動の中で，どこまで個々の思いや行動を受け止め尊重するのか，どこまで集団活動で経験を積み上げる方が豊かな育ちにつながるのか，判断に迷う場面はよくあります。3歳児は，個の興味関心や思いを十分に発揮していくうちに，友達のすることやクラスの活動に興味を示すようになっていきます。5歳児に向かうにつれて，友達との関わりが深くなり，話し合って折り合いをつけながら活動を進めていく，集団の場面で育つ力は大きくなります。

エピソード4 「どんぐりで遊ぼう」（3歳児）

　3歳児クラスで散歩に行き，たくさんのどんぐりを拾って帰ってきました。さっそく，どんぐりを使って遊び始めます。子どもの様子を見ていると，それぞれ違った使い方をして遊んでいることに気が付きます。

　どんぐりを使ってままごとを楽しむ姿や，いろいろな大きさや形があることに気付いて同じ大きさのものを集める子，大きいふっくらしたものと細長いものの転がり方の違いを試している子もいます。容器にいくつか入れて振って音が鳴るのを楽しんでいる子や，はじけて殻が割れているどんぐりを見つけて，その割れ目から爪を入れて殻を剝き，中から白い実が出てくるのを楽しんでいる子，小さな丸い穴から白い虫が這い出しているのを見つけて観察する子などもいました。

　このように，個々によって様々な遊び方が見られるのが，3歳児の特徴です。保育者は，それぞれの興味に合わせて遊び，探究できるように，素材や環境を用意していきます。

　大きさや形別に分けられるように，仕切りのついたボックスを用意し，転がして遊ぶコースが作れるように，ラップやトイレットペーパーの芯を集めて自由にコースを作れるようにします。マラカスのようにどんぐりを入れた楽器が作れるように容器とテープを用意します。皮を剝くと柔らかいので，つぶすことができるようにおろし器を用意し，その粉を集めておける小さな瓶を置いておいたりします。白い虫を育てたいという子のために飼育ケースと，何を食べるのかを調べることができるように図鑑を置いたりします。

　こうして，それぞれがどんぐりを使って，自分の興味の向く遊びを展開

していきます。そしてある日，数人の子どもがどんぐりから白い細いものが出てきているのを見つけました。それがどんぐりの芽だということを知ると，「育てると大きな木になってたくさんのどんぐりを落としてくれるかもしれない」と考えて，みんなで苗木を植えることになりました。

写真5-7　「大きいのはこっち」

写真5-8　「剝いた実を削ってみよう」

写真5-9　「大きくなあれ」

　この事例のように，みんなで一緒に拾ってきた同じ素材でも，個々の子どもによって感じ方や遊び方が違うことを踏まえ，保育者は，限られた種類の遊びを提供するのではなく，それぞれの子どものやりたいことを探り，多種多様な遊びが実現できる環境を用意することが大切です。

5　養護及び教育を一体的に行う保育

　保育所保育指針には，「保育における『養護』とは，子どもの生命の保持及び情緒の安定を図るために保育士等が行う援助や関わりであり，『教育』とは，子どもが健やかに成長し，その活動がより豊かに展開されるための発達の援助

である[5]」と書かれています。そして，保育所における保育は，「養護及び教育を一体的に行うことをその特性とするものである[6]」とあります。

　保育所や認定こども園では保育時間が長いため，家庭的な環境の中で子どもが落ち着いて過ごせるように，保育者の関わりや環境の構成を工夫する必要があります。子どもが周囲から主体として受け止められ，自分を肯定する気持ちが育まれていくように，子どもの気持ちを受容し，共感しながら，子どもとの継続的な信頼関係を築いていきます。また，主体的な活動を通して自分に自信を持つことができるように見守り，適切に働きかけることで，養護の側面と教育の側面を一体的に展開していきます。

エピソード5　「ありがとう，アユミちゃん」（5歳児）

　認定こども園の5歳支援児アユミちゃんは，日常の遊びの中で仲のいい友達に合わせて積極的に遊び，友達との信頼関係を築いていました。そんなアユミちゃんが，なかなかクラスに入れない日が続きました。運動会のリレーの作戦会議や練習で集団での活動が長くなったため，アユミちゃんにとっては苦手な時間となり，そこから離れようとする様子が見られました。そんなときには，個別に支援している保育者がアユミちゃんと共に園庭で遊び，遠くからみんなの様子を見たりしていました。担任や支援担当保育者は，アユミちゃんの苦手な部分を理解し，アユミちゃんの居心地のいい場所で過ごすことを受け止めていましたが，運動会の練習以外の時間もクラスの活動に参加しようとしない様子を心配していました。また子どもたちの中には，クラスの活動に参加してくれないことを否定的に思い，アユミちゃんを諌める場面も見られました。

　担任保育者はどのようにすれば，アユミちゃんとクラスの子どもたちの相互の関係が生まれたり，協働的な活動ができるのかを考えました。アユミちゃんの様子をよく観察すると，アユミちゃんなりの頑張りや気持ちは，大人には理解できるけれども，子どもたち同士には伝わりにくい（見えにくい）ということに気が付きました。

＊5　厚生労働省「保育所保育指針」（2017年告示）第2章「保育の内容」。
＊6　＊5と同じ，第1章「総則」2「養護に関する基本的事項」(1)「養護の理念」。

そこで，担任保育者が子どもたちに「アユミちゃんがさっき，みんなの練習しているところをよく見てくれていたよ」とアユミちゃんの行動を言葉にして伝えるようにしました。アユミちゃんの気分がどうしても乗らず，運動会の練習への参加が難しい日があると，先に保育室に帰って給食準備をしてもらい，「アユミちゃんがテーブルクロスを敷いてくれたんだって！」と子どもたちが気付きにくいアユミちゃんの頑張りを口に出して認めたりするように意識しました。また，担任や支援担当保育者が「アユミちゃんに○○って言って誘ったけど，伝わらなかったから，△△って言った方が伝わるかなあ」「アユミちゃんって本当はこんな気持ちだったのかもしれない……」とアユミちゃんに対して配慮していることやアユミちゃんの思いを代弁してみることにしました。

すると，アユミちゃんに対するクラスの子どもたちの関わり方に変化が見られました。アユミちゃんが保育室にいないことに気付いて，自ら声を掛けにいく姿や，アユミちゃんに伝わるように言葉がけを工夫したりする姿に変わっていきました。アユミちゃんも，クラスの友達に「ありがとう」と言われたり，「アユミちゃんと一緒にやりたい」と言われることで，自分が必要とされていることを感じ，少しずつクラスの輪に入りやすくなっていきました。

クラスにアユミちゃんがいることで，クラスの子どもたちには，アユミちゃんの言動を否定するのではなく，まず受け止めて，気持ちを理解しようとする姿が見られるようになりましたが，アユミちゃんだけに限らず，クラスの他の友達の苦手なところも含めて，その子らしさであり，その子の良さであると感じ，認め合う姿が見られるようになりました。

その後のお店屋さんプロジェクトの話し合いでは，自分と違う意見の子に対しても，その意見を否定するのではなく，「それはわかるけど，僕はこうした方がいいと思う」と，話し合いの仕方にも変化が見られました。アユミちゃんのことを自分ごととしてみんなで考える経験を通して，相手も自分も互いに違う主張や感情を持った存在であることに気付き，一緒に楽しく遊んだり活動できるように，友達の言葉や行動の背景を子どもなりに理解しようとしたり，自分の気持ちを調整したりしていく力が育まれていく様子が見られました。

　子どもは，保育者の言葉や心もちに大きく影響を受けます。一人一人の子どもにとって，安心して自分が出せる場所になるために，保育者は様々な事実から子どもの思いを理解し受け止めます。その姿勢や心もちそのものが「養護的な側面」の援助です。そして，その子も含めて子どもたちが互いに助け合い協働できる仲間としてつながるように支え，導いていくことが「教育的な側面」の援助となります。理解し受け止めるだけでなく，教育的意味を求めるだけでもなく，「養護」と「教育」を一体的に行う中で，子どもたちは育っていくでしょう。

 まとめ ･･

　「環境を通して行う保育」「生活や遊びを通しての総合的な保育」「子どもの主体性を尊重する保育」「個と集団の発達を踏まえた保育」「養護及び教育を一体的に行う保育」の事例をあげましたが，子どもを理解し，子どもの思いや育ちに即した関わりをしていくことが，どの事例にも共通して重要なことであると言えます。子どもの主体性を尊重するためには環境の工夫が鍵になりますし，総合的な保育をするためには，個と集団の発達を視野に入れながら進めていくことが必要となります。そして基本的に，養護の側面を配慮した上で，環境構成や保育者の関わりを工夫する必要があります。どの事例も子ども理解から出発している点を考えると，同僚と共に，子どもの今とこれからを話し合いながら，日々子ども理解を深めていくことが必要不可欠と言えるでしょう。

･･

 さらに学びたい人のために

○大豆生田啓友・おおえだけいこ『日本が誇る！　ていねいな保育』小学館，2019年。

　　０・１・２歳の子どもの姿や育ちに合わせた細やかな保育環境構成と丁寧な保育実践内容が，多くの写真と共に紹介されており，具体的に保育を学ぶことができます。

○北野幸子（監修・著）／大阪府私立幼稚園連盟第26次プロジェクトメンバー『子どもと保育者でつくる育ちの記録』日本標準，2020年。

0歳から5歳の保育事例をもとに，子どもの姿から非認知的能力の育ちを解説しています。子どもの活動プロセスを可視化したドキュメンテーションも取り上げ，子ども理解の考え方を学ぶことができます。

第 6 章

事例で学ぶ
生活や遊びを通しての総合的な保育と領域

● ● ● 学びのポイント ● ● ●

- 子どもの言葉，動き，表情，行為から，その背後にある子どもの思いを理解する。
- 同僚と語り合うことを通して，多様な視点から子どもを理解していくことの大切さを学ぶ。
- 行事や遊びは，成果ではなく，そのプロセスにある子どもたちのストーリーを豊かにするものであること，同時に保育者も，子どもが見ている世界を共に楽しむことの重要性を学ぶ。

WORK 　子どもが楽しむ姿から想像する

① 　この二人は何をして，何を楽しんでいるのでしょうか。なぜ，二人は
　　この場所を選んだのか考えてみましょう。

② 　この子が今，夢中になっていることは何か，なるべく具体的に思いつ
　　く限り挙げてみましょう。これからどんな楽しみ方が予測されるか，思
　　いつく限り考え，それに対してどんな環境を用意するか挙げてみましょ
　　う。

● 導　入 ● ● ● ● ● ● ● ●

　応答的に関わる，受容する，寄り添うことは保育の基本的な営みにあたり，日々生活しながら子どもを理解していきます。一方で，理解することは簡単ではなく，迷い，悩み，時に保育観を揺さぶられることもあります。しかし，子どもが見ている世界に面白さを見出せるようになると，聞こえなかった子どもの声が聞こえるようになってきます。この章では，幼稚園での実践事例を通して，保育を学んでいきます。

● ● ● ● ● ● ● ● ●

1 保育者と一緒にやってみたいことに出合う

　幼稚園で初めて集団生活を経験する年少児は，上履きを履くのも一苦労です。カバンを置く，帽子をしまうなどの身支度も，保育者と一つひとつ行います。降園間際になると眠くなったり，また週末になると疲れが出て，身支度に時間がかかることもあります。

　だんだん園生活に慣れてくると，心と身体も少しずつ解放され，慣れ親しんだ保育室から離れ，園庭に行ったり，隣のクラスに足を運んでみたりしながら冒険しはじめます。

エピソード1　「一人でできるよ！」

　保育者と数人の友達で園庭に遊びに行きました。保育室から離れていちばん遠いところまで行くと，一本橋を見つけました。高さ30センチメートルほどですが，年少児にとっては，冒険心をくすぐります。

　「できるよ！」と意気揚々と

挑戦し始めたケンタですが，いざ丸太の上に立ってみると，予想外の高さだったのか，あるいはバランスを取りづらかったのか，不安そうに保育者の姿を探し，一緒に数回渡りました。

何回か行うと慣れてきたのか，「手伝おうか」と差し出した保育者の手をはねのけて，「一人でできるよ！」と言いながら一人で渡り切りました。できたことが嬉しくて，何度も繰り返していました。

安心して過ごすことができるようになると，だんだんと行動範囲が広がり，やってみたい思いも高まります。年少児の特に前半の時期は，やってみて面白いということが肝になるため，年長児はうまくいかない（思った通りいかない）ことが次の手立てを考えるきっかけになることに対し，年少児は，独力で行うことが困難なことが多いです。

今回のケンタは，怖いけど，やってみたいという葛藤を抱き，保育者と一緒ならできるかもしれないと思います。「先生と一緒ならできるかもしれない」という信頼関係を築くことの重要性と，保育者と一緒に上手くいかないことを乗り越えていく経験をすることで，やがて自分でもやってみようとする意欲が高まっていくことにつながっていきます。

2 家庭での体験を再現する

夏休み後になると，プールごっこやホテルごっこなど体験してきたことを再現する姿をよく目にします。また，遠足で動物園に行った翌日には，動物を描いたり，作ったりする姿もあるでしょう。

言葉でイメージすることに長けてくると，体験していないことでも想像で補うことが可能ではありますが，子どもたちの遊びの根幹のところでは，「体験（経験）」したことが大きな原動力になります（遠足など共通の経験というのは大事な体験になります）。

ごっこ遊びとして再現したり，作ったり，描いたり，演じたりしていくと，再現していきたい事柄が広がり，または表現が細かくなっていきます。次のエ

ピソードは，幼稚園に入園し，様々なことを経験してきた年少組の3学期の事例です。トオルがつぶやいた言葉から，クラスでは「バイザウェイ」という言葉が，「タクシー」として共通の言葉になっていきました。

エピソード2 「バイザウェイ作りたい」

12月のある日，トオルが「バイザウェイを作りたいんだ」とつぶやきました。「どんなもの？」と保育者が尋ねると，「バイザウェイっていうのは，黄色で，かっこいいんだ」「タクシーなんだ」といろいろと教えてくれます。しかし，タクシーであるということはわかりましたが，いまひとつ「バイザウェイ」という言葉が何を指しているのかわかりません。時折，バイザウェイの歌なのか，歌ってみせたりしています。

そんな時，隣のクラスの保育者から「もしかして……」と情報を得ました。昨晩，ふと家庭でそのことを話題にしたところ，ロックが好きな旦那さまが「レッド・ホット・チリ・ペッパーズ」というアメリカのロックバンドの楽曲ではないか，と話されたというのです。すぐさま，タブレットで検索し，トオルにも確認したところ，「これ！」とのことでした。

後ほど保護者に確認すると，どうやら父親が偶然見せた動画（プロモーションビデオ）がお気に入りになったようでした。確かに，見てみると，その動画内にニューヨークの定番の黄色のタクシー（イエローキャブ）が出てきており，彼はそのことを言っていたのだ！と，ようやくトオルのイメージを，保育者も理解することができました。

作りたいイメージがようやくわかったところで，トオルと保育者とでタクシー作りを始めました。その経緯を見ていた子たちが，「僕もバイザウェイ作りたい！」と，仲間になってくれました。まずは，車体を段ボールで作り，段ボールカッターで，窓枠を開け，絵の具で黄色に塗りました。

学期をまたいで1月になると，「これを作りたいんだ」と指しているのは，車体の上部にある「TAXI」の行灯です。作っていると，興味を持った子たちが寄ってきて，「（写真を見て）この部分だけが黄色になってる」と教えてくれるなど，仲間が入れ替わり参加し，制作していきました。

車体部分ができると，早速遊び始め，車内に入って遊んでいるうちに，車体前面のボンネットやナンバープレート，タイヤなどが増えていきまし

　再現したいと思ったことが，必ずしも再現可能かどうかはわかりません。また，保育者自身がわからない（経験したことがない）こともあります。自分の頭の中にあるイメージを言葉で表現することが難しい年齢である場合，「○○かな？」と保育者が推測しながら，イメージの輪郭を浮き立たせる必要もあります。

　今回の事例の場合は，偶然にも他の先生に話していたこともあり，「バイザウェイ」が何を指しているのかわかりました。しかし，そうすると次には，ロックバンドの楽曲に出てきたタクシーを作るという，他の仲間にとってはわかりづらい遊びがどこまで広がるか，という不安もありました。

　クラス内で，面白かったことや遊んだことを知らせるなど共有する時間を設けていたこともありましたが，「バイザウェイ」という言葉をクラスの子どもたちに説明したわけではありません。年少の3学期になると，互いに取り組んでいることがよりわかるようになり，他の子が遊んでいることを取り入れたり，一緒に仲間に入ったりするようになります。今回は，保育者とトオル，または保育者同士が，悩んだり話している過程を，周りの子たちも知っており，「バイザウェイ」という言葉が示す意味を，クラスのみんなが共有していきました。

写真6-1　「TAXI」の行灯

写真6-2　「バイザウェイ」の完成

保育者にとって，子どもが示す遊びの再現が難しいと思うこともあります。または，子どもが示すイメージが理解しづらいこともあるでしょう。しかし，保育者自身が挑戦心を持って子どものイメージの中に飛び込んでみることで，新たな境地が見えることもあります。この事例は，そんなことを感じさせてくれるエピソードでした。

3 「やってみたいけど，やりたくない」葛藤を乗り越える

何にでも興味を持って取り組む子もいれば，慎重に，まずは友達がしている姿を見てから始める子もいます。あるいは，「やらない」「好きじゃない」と子どもが発する言葉の背景には，「初めてのことで緊張する」とか，「やったことがないから不安」という気持ちがあることもあります。言葉の裏側にある気持ちを読み取りながら援助していくのが保育者の役割……ですが，そう簡単に子どもたちの背後にある「思い」がわかるわけではありません。

年中クラスの子どもは，「やってみたいけど，やりたくない」という葛藤を感じやすい時期でもあります。年中クラスのミナミは，慎重な一面があり，1学期はなかなか保護者と離れ難い場面も多々あり，ようやくクラスにも慣れてきたところでした。

エピソード3　13人のミナミ

仲良しのエミコといつも一緒にいるミナミ。登園するとまず，エミコの姿を探します。進級したばかりの4月，5月はどの子も緊張や不安を感じており，仲良しの友達といることで安心する時期でもあります。だんだんとクラスに慣れてくると，安心していろいろな遊びに取り組んだり，行動範囲も広がっていきます。友達関係も同様に広がります。

6月になると，エミコも安心して自分を出せるようになり，いつも誘ってくれるミナミの存在が嬉しくもありながら，次第に離れて遊びたい思いも出てきたようです。保育者は，エミコの気持ちも受け止めながら，ミナミが安心して過ごせるように一緒に関わったり，身体を動かすことが好き

なミナミに外遊びを提案しますが，「やらない」と断られたり，登園時に泣いて保護者と離れ難いことも出てきました。

　夏休みを経て9月になりました。プレイデイ（運動会）の内容を決めようとみんなにアイデアを求めたところ，いくつかの内容が挙がりました。翌日，そのうちの「走りオリンピック」を試しにみんなでやってみることにしました。「どうやってやるの？」と子どもたちに聞いてみると，ミナミが意気揚々と「男の子と女の子で分かれてやろう！」とみんなに大きな声で投げかけています。ぼんやりとした「走りオリンピック」という遊びのイメージは，彼女の言葉で，リレーのような遊び方になっていきました。

　1学期は，不安と緊張でエミコの存在を拠り所にしていたミナミでしたが，少しずつ自分の思いや気持ちを表現できるようになってきました。

　11月，空き箱や廃材での工作が広がり，クラスでは電車作りや人形作りに取り組む子が増えていきました。仲良しのエミコも人形作りに挑戦しています。ミナミもエミコの隣にはいるものの，作ってはおらず，エミコが作っている様子を楽しそうに眺めています。

　だんだんと自分を表すことができるようになってきたミナミの興味と関心を広げたいと保育者は思っていましたが，ある日，ミナミの変化に気づきます。それは，1学期と同じようにエミコの近くにはいるものの，エミコの作っている様子を楽しそうにみていますが，ときおり，エミコの「手伝い」をするという名目で，テープを貼ったり，切ったりし始めているのです。

　少しずつ，自分ができる範囲で，自分ができる歩み方で，挑戦し始めているように感じられ，様子を見守っていくことにしました。

　11月中旬になると，保育室前のテラスに作った電車を走らせるための線路が広がっていきました。ある時，ハルキが「僕の電車に乗りたかったら，人形作ってきてー」と，線路を眺めている子たちに伝えると，ミナミは「自分で作ってくる！」と部屋に戻り，自分で作り始めたのです。

　乳酸菌飲料のカップを胴体に見立て，紙を丸く切り，顔を描いたものを貼った人形です。きっとミナミ自身の人形でしょう。できたことが嬉しくて，「もう1個作る！」と次々に作り，なんと13体も作ってしまいました。ハルキの電車にももちろん乗せてもらいましたが，人形が入る箱を見つけ

> て電車にし，13人のミナミを大事に乗せ，線路を走らせていきました。

　11月に作品展を計画している園は，この時期に作ることや描くことが増えるでしょう。作ることや描くことは，作品として「残る」ことが多く，保育者や保護者も，見た目の美しさやその物らしさ，あるいは正確さで判断しがちであります。

　もちろん，そういった視点も大事ではありますが，感動したり，嬉しかったり，楽しかったり，子どもの気持ちが動いたことも，表現することにおいては大事なことです。ミナミが作った人形は，乳酸菌飲料のカップに顔を貼っただけの簡単な造りです。しかし，そこには，友達の言葉をきっかけに，自分もやってみたいと自ら行動を起こしたこと，やってみたら楽しくなって次々に作りたくなったというミナミの思いが込められています。

　また，そこに至るまでの過程で，保育者は様々な援助を試みています。ミナミは，その慎重な性格もあり，仲良しの友達を基盤としながら，じっくりと興味を広げていきました。そのゆっくりとしたペースに保育者も不安や焦りを感じることもありました。

　保育者の援助を振り返ると，プレイデイでのミナミの姿を受け止めていたり，エミコの手伝いをする姿に肯定的な声をかけています。1学期の遊びの提案も，ミナミにとっては，自分を気にかけてくれる嬉しさにつながったかもしれませ

写真6-3　11月のミナミとエミコ

写真6-4　13人のミナミ

ん。

　後半は，見守ることで，ミナミの主体的な行動を促そうとしてはいますが，その前に，ミナミの気持ちや，やってみたい思いを喚起させる地道なアプローチがあったことは見逃せません。

　いろいろな子どもがいます。関わり方に悩んだり，迷うこともあります。しかし，ミナミの心が動いた瞬間に立ち会えた時の嬉しさは，今までの悩みを吹き飛ばすほどのものでした。

4 繰り返しと予想外のことに出合うこと

　遊びは，繰り返していくことで手慣れていきます。最初は積み木を電車に見立てていたけれど，そのうち空き箱を見立てて，それらしく作っていく。だんだんと，ただの「電車」が「〇〇線」という固有名詞になり，その電車に色が加えられ，やがて車輪がついていく。子どもは自分が好きな遊びを繰り返していくうちに，本物らしく作りたいと志向するようになります。

　今回は，ゼリー作りで子どもたちが試行錯誤していく事例です。通常，調理体験などは，安全管理や食中毒に注意を払いながら取り組む必要があり，子どもが自由に行えるわけではありません。しかし，年長になり，道具の取り扱いに慣れたり，子どもでも取り組める食材やメニューであれば，子どもだけの力でも実行することができます。

> **エピソード4　試行錯誤のゼリー作り**
>
> 　ハルキのお別れ会でゼリーを作ることになりました。そこで，子どもたちにどう作るのか問いかけると，「ジュースを凍らせる」という言葉が挙がる中，「ゼラチンを入れるんだ」とコウタが言います。担任が「ゼラチンって何？」と聞いてみると，「ゼラチン」という言葉や，ゼラチンを入れるとゼリーができるということは知っているようですが，ゼラチンや，どう使うのかについてはよくわからないようでした。担任はゼリーの作り方はわからないふうを装い，とにかく作りたかったら，自分で調べて材料

を持ってきて，と告げました。

　すると，翌日「ゼラチンはジュースや水をお風呂の温度くらいに温めてから入れるといい」とか，「缶詰だったら，そのまま入れても大丈夫だった」と，調べたり，「かき氷シロップでやってみた」と，家庭で実際に作るなど，ゼリーを作るのに必要なことを自分たちで収集していったのです。ご家庭からも協力していただき，たくさんのゼラチンが集まりました。

　しかし，ノゾミから「ゼラチンはちゃんと量らないといけない」と言われました。そこで本番の前に，どのくらいのゼラチンが必要なのか実際にやってみることにしました。担任が見守る中，3つのグループに分かれて，集めた知識をもとにやってみました（この日は，ゼラチンの量を調べるということなので，味はつけないことにしました）。水の量が100cc程度なのに，ゼラチンを大量投入したり，物凄い勢いでかき混ぜるなど，大人からすると一見ハチャメチャな作り方でしたが，保育者はなるべく何も言わないことを心掛けました。

　できあがったゼリーは，そぼろのようなボソボソゼリー，カチコチのゼリー，もう一つはなぜか上部が泡になっているアワアワゼリーでした。実際にやってみた結果を振り返り，「混ぜすぎてはいけない」ということと，「ゼラチンは入れすぎてはいけない」という学びを得ました。

　一度試しに行ったことで，興味を持った子が増え，家庭でやってみる子も増えました。

　お別れ会当日は，かき氷のシロップ／ジュース／缶詰で作ることになりました。事前にレシピも一応考え，今までの知識を総動員して臨みました。結果は，かき氷シロップが最も水とゼラチンのバランスが良く，子どもたちからは「これは売れる！」との声も出る美味しさでした。ジュースと缶詰は，ゼラチンの量が少なかったこともあり，あまり固まらず……。でも，自分で作ったものは違うのでしょう，「これはこれでおいしい！」とのこと。

　みんなでゼリーを作り，退園する友達が遠くに行っても元気で過ごせる思い出の味になりました。

　ここでのポイントは，繰り返しと試行錯誤です。遊びも同様に，楽しいことを繰り返していくうちに，「こうしてみたい」と目的が生まれたり，「こうした

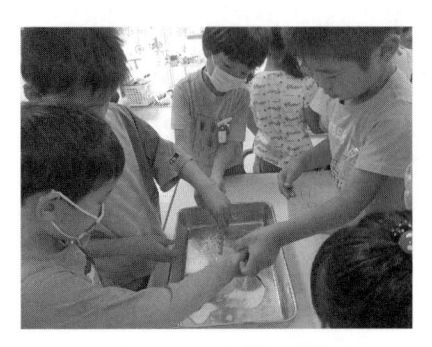

写真6-5　調理中の様子

仲間と相談しながら，ゼラチンの量を調節（？）。

写真6-6　そぼろのようなボソボソゼリー

自分で作った喜びからか，味がなくて，ボソボソなのに完食。

らどうなるだろう」と仮説が生まれます。

　事例では，混ぜ方を工夫したり，ゼラチンの量を変えたり，砂糖を入れてみたり，ゼリーを作るという目的を仲間同士で共有し，試行錯誤しています。ゼラチンの成分の理解にまでは到達しませんでしたが，液体を固化するための現象を探っていきます。

　テレビに加え，YouTube などの情報に気軽にアクセスできるのは幼児も同様で，ともすれば知識偏重傾向であることは否めません。この事例でも，全員がゼリーという食べ物のことは知っているし，ゼラチンというものを入れる，ということを知っている子もいます。しかし，知識として知ってはいるものの，それらをどう使って作っていくのか，ということは知りません。

　実際に取り組むことで，ゼラチンの実態，その使い方や水との分量のバランス，または温度など，「うまくいかなかった」ことからたくさんのことを学びます。

　また，一過性の体験で終わらせないためには，繰り返すことのできる工夫も必要です。「混ぜすぎない」という教訓を次の機会に生かすことで，初回に得た教訓（仮説）を検証する機会となります。

　うまくいくことが必ずしも大事ではありません。むしろ，予想外のことに出合うことで，さらに意欲がかき立てられ，学びが深まっていくのです。

5 リレーを通して仲間意識を高める

　節分，子どもの日，七夕，遠足，運動会，作品展，クリスマス会など，園によって行事，活動，イベント等呼び名は違うかもしれませんが，行事がない園というのは日本ではあまりないのではないでしょうか。

　幼稚園教育要領の解説[*1]において，行事は「幼児の自然な生活の流れに変化や潤いを与えるもの」とあります。日常生活の延長線上であることを示しています。また，「活動意欲を高めたり，幼児同士の交流を広げたり，深めたりするとともに，幼児が自分や友達が思わぬ力を発揮することに気付いたり，遊びや生活に新たな展開が生まれたりする」とあり，成果や見栄えではなく，行事に至る道のりにたくさんの学びがあることに言及しています。

　一方で，今行っている行事は本当に目の前の子どもに合っているのでしょうか。あるいは，保育者がクラスの子どもたちに必要だからと考えた内容なのでしょうか。ほとんどの行事やその内容が，「～すべきもの」として保育者の両肩に重くのしかかっていないでしょうか。

　筆者の園では2016（平成28）年から行事の見直しを始めていきました。たとえば，プレイデイ（運動会）の内容は従来，保育者が決めていましたが，子どもと相談して決めていくようにしました。

　競技の一つであるリレーについても，どう位置付けていくのかを，職員同士で何度も，何年も話し合いました。リレー自体を継続するかどうか，または選択制にしたらどうか，しかし保護者が楽しみにしているなど，いろいろな意見が挙がりました。その中で，リレーは，クラスで一つのことに取り組むことに意味があること，そしてリレーというのはそのシンプルな競技の性格上，仲間同士で話し合い，それぞれの違いを知る，クラスの意識を高めるなどの意味があるのではないか，という結論に至りました。

　そこで，リレーの取り組みを「仲間同士を知るきっかけにする」という意味

＊1　「幼稚園教育要領解説」（2018年）第1章「総説」第4節「指導計画の作成と幼児理解に基づいた評価」3「指導計画の作成上の留意事項」(5)「行事の指導」。

にもう一度捉え直し，進めていきました。

エピソード5　秘密の練習がプレイデイ

2学期，年長組でのエピソードです。クラスでは，リレーが盛り上がり，仲間同士で誘い合う姿も出てきました。また，リレー以外にも，相撲やドッジボールなどで身体を動かしたり，集団遊びへの関心も高まってきました。

みんなが楽しんでいる姿をじっと眺めているアリサは，クラスで行うゲームなどの活動でも，初めてのことには緊張するようで，参加しないこともありました。一方で，女の子たちが相撲を始めると，その翌日に軍配を持ってくるなど，アリサ自身は参加しませんが，自分なりの参加の仕方をするようになりました。

プレイデイで行うリレーは，全員で取り組みます。アリサは何が苦手なのか，どうしたら参加できるのか，と担任は悩みます。

お弁当を食べていたある日，ふとアリサに何が嫌なのか聞いてみました。すると，「隣のクラスの人たちと競争するのが嫌なんだ」と漏らしました。そこで担任から，「まずはクラスの友達だけで，誰にも見られないホールで走るのはどう？」と提案すると，「まあそれならいいかな」と，しぶぶな表情でしたが，走ることにしました。

アリサとよく遊ぶ数人の子たちがホールに集まり，リレーが始まりました。すると，さきほどの表情がうそのように笑顔になり，夢中になって走っています。何度も何度も繰り返し走り，降園時に初めて走れたことを保護者にも伝えると，とても喜んでくれました。

翌週の月曜日，アリサは登園すると「秘密の練習やりたい！」と言うので，今度は園庭で走ることにしました。しかし，だんだん人数が増え，隣のクラスの子たちも参加してくると，だんだん表情が曇り始め，最後は抜けてしまいました。やはり，少人数では安心のようですが，大勢になると，また隣のクラスの子どもたちが入ると，緊張が高まるようでした。

プレイデイの当日は，保育者も悩みましたが，同僚や保護者とも相談し，彼女が安心して参加できること，当日に走ることが目的ではなく，その過程でどれだけの経験ができたかを大事にしたいことを確認し，当日は応援係になりました。しかし，アリサにとって「秘密の練習」は，やってみた

かった思いが実現でき，また仲間に支えてもらった経験になり，そして仲間にとってはアリサを「知る」きっかけになりました。

　それから 4 か月後の12月のある日，アリサが，「みんなでわらべうたをホールで遊んでみたい」と，つぶやきました。「みんなで行う」ことが苦手だったアリサから出た言葉に担任は驚きました。クラスのみんなに伝えていいかと確認し，集まったときにそのことを伝えると，10人ほどの子がやりたいと手を挙げてくれました。

　想定より多かったかなと思い，アリサに「どう？」と聞くと，いくつか条件が出されました。①キャーキャー言わない，②「えー，やだー」って言わない，③優しい人ならいい。この 3 つを守れるならいいよ，とのことでした（希望者全員が，「おれ，優しいぜ」と言って自己アピールしていました）。

　お弁当を食べた午後，早速食べ終わった男の子が「俺，ホールいって，とっておく」と場所とりの行動を開始し，食べ終わった子がぞくぞくとホールに向かいます。遅れて食べ終わったアリサは，「やっぱり男の子いると嫌だな」と迷い始めます。友達と一緒にホールに向かいますが，もしかしたらやらないかもと担任は思いました。

　ホールに到着すると，10人ほどの友達がすでに歌いながら遊んでいる光景が目に入り，アリサの体が後ろに引いていくのがわかりました。すると，ホールで遊んでいたハナとケイトが，遊びの手をとめて，走って彼女のもとに駆け寄り「やろ！」と声をかけました。二人が手を伸ばすと，アリサは，身を委ねるかのようにホールに入っていきました。

　友達と遊ぶのは好きだが，人数が増えると緊張してしまうアリサ。リレーでは，気心の知れた仲間，周りに見られない環境という秘密の練習で初めて葛藤を乗り越えていきます。行事という性格上，みんなと一緒に走ってほしいという願いと，彼女のできること，そして，プレイデイのリレーを通して経験してほしいことを照らし合わせながら，保育者も葛藤し，模索していきました。

　アリサにとってプレイデイでのリレーは，当日に走ることではなく，その過程において気心の知れた仲間と走れたことが重要であり，さらに仲間にとってはアリサのことを知る機会になりました。

写真6-7　ホールの入り口で迷う様子　　　写真6-8　ホール内で遊ぶ様子

　事例後半での「みんなでわらべうたを遊んでみたい」という言葉には，たくさんの意味と成長を感じ取ることができます。走りたくないという心情から，「気の合う仲間」に変化し，2学期後半には「みんな」に変わっていきます。そこには，仲間に受け止めてもらったことでのアリサの心情の変化が読み取れます。

　さらには仲間にとっても，アリサという子がどんな子で，どう関わったらいいのかということがわかってきています。関わり方だけではありません。この子のためにしてあげたいという気持ちがクラスの中に芽生えてきたことが，クラスの仲間にとっても大きなことであるように感じます。

　そのきっかけの一つとなったのが，リレーでの取り組みでしょう。行事の当日に元気よく参加し，成果を見せるということも大事なことです。一方で，その過程において，また行事の後に，子どもたちが何を感じ，ぶつかり，心が揺れ動いたのか，ということも，これからの行事のあり方を考える上で欠かせない視点となるでしょう。

 まとめ ・・・・・・・・・・・・・・・・・・・・・・・・・・・・・・

　保育とは楽しいものです。そして当然，難しさもはらんでいます。子どもがしようとしていることが何かわからない時，保育者は答えが見つからず悶々とします。答えを見つけようと，同僚に相談するでしょう。あるいは，「この子はこういう子だ」と結論付けてしまうかもしれません。

　　時間が経過し，あの子の行動はこういう意味があったのか，と腑に落ちた時，ああ良かったと，深い所で「あの子」とつながった気がします。

　　答えがわからず，悶々としている状態は，苦しさもあります。しかし，「あの子」のことをああだの，こうだの考え，いろいろとトライしながら思いを巡らせること自体が，実は「あの子」に届いております。つまり，「考え続ける」ということ自体が，大事な価値をはらんでいます。

　　しかし，「考え続ける」ことにはエネルギーが必要です。去年実施して成功したことは，今年も同じように実施しようとします。これが，10年，20年と経過すると，いつしか考えることをやめてしまいます。これは，保育に限ったことではなく，人がどう学び続けていくのかという視点での考察が必要なのです。

　　そのために，実践を語り，外に開き，フィードバックを得ながら，常に考え続けていくことが，保育の新しい可能性を切り拓いていくために，保育者に求められることであると，確信しています。

 ## さらに学びたい人のために

○井上眞理子・田澤里喜・田島大輔（編著）『質の向上を目指す保育マネジメント』中央法規出版，2021年。

　　タイトルにあるように実践者の「うまくいかなかった」という心情を赤裸々に描いていることで，非常にわかりやすいと同時に現場に対しての理解が深まります。

○津守真『保育者の地平――私的体験から普遍に向けて』ミネルヴァ書房，1997年。

　　保育者になる人は一度は目を通しておくことをお勧めします（特に，なった後の方がわかりやすいかもしれません）。勇気とこれからの示唆をもらえます。保育の根幹が描かれています。

＊　本章で登場する人物の名前はすべて仮名です。

第7章

事例で学ぶ
年齢による主な姿と保育内容①
―― 0・1・2歳児 ――

● ● ● 学びのポイント ● ● ●

- 子どもの発達や生活に即した保育内容の基本的な考え方を具体的に学ぶ。
- 0・1・2歳児の主な姿と保育内容について学ぶ。
- 保育の基本を踏まえた保育内容の展開を考える。

① 写真の子どもは，どのような体験をしていると思いますか。

② その体験から何を学んでいると思いますか。5領域や「幼児期の終わりまでに育ってほしい姿」，育みたい資質・能力の視点の言葉を手掛かりにして，考えてみましょう。

③ ここに「○○くんはシャベルを独り占めしていてずるい。僕も使いたい」と主張する子どもが来ました。あなたが保育者だったら，どのような対応をしますか。

● 導　入 ● ● ● ● ● ● ● ● ●

　2017（平成29）年に告示された保育所保育指針では，乳児（0歳児）と1・2歳児の保育内容の部分が大きく変わりました。乳児（0歳児）と1・2歳児の保育内容に関する記述が充実したのです。このことは3歳未満児の保育が注目され，その重要性がより強調されたことを示しています。

　保育の考え方として「養護及び教育が一体的に展開する」ということが基本であることは前章までで学びましたが，この章では0・1・2歳児の実践事例を見ながらその具体的なところを確認していきます。さらに「子ども主体を尊重した生活の援助」や「環境を通して行う保育」という視点からも，3歳未満児の保育内容について，保育所の実践事例を通して具体的に考えていきましょう。

● ● ● ● ● ● ● ● ●

1　0歳児クラスの保育内容と実践

　乳児（0歳児）の保育内容は5領域ではなく，3つの視点から示されています。3つの視点とは「健やかに伸び伸びと育つ」「身近な人と気持ちが通じ合う」「身近なものと関わり感性が育つ」ですが，「健やかに伸び伸びと育つ」は，主に領域「健康」につながっていく視点，「身近な人と気持ちが通じ合う」は，主に領域「人間関係」や領域「言葉」につながっていく視点，「身近なものと関わり感性が育つ」は，主に領域「環境」や領域「表現」につながっていく視点だとイメージするとわかりやすいでしょう。

1　周囲の大人の応答的な関わり

　乳児は大人から世話を受けなければ生きていくことができませんが，全くの受け身の存在というわけではありません。泣き声や視線，身振りなど，ある限りの能力を用いて，積極的に周りの人とコミュニケーションを取ろうとしています。もしも近くに乳児がいたら，注意深く観察してみてください。コミュニケーションのサインがたくさん出ていることがわかると思います。そのような

乳児からのサインを，保育者は感受性を豊かにして，日々受け止めています。たとえば手足をバタバタと動かして機嫌よく「あ〜」と声を出したら「あら，ご機嫌ね〜」とすぐに声をかけます。すると顔を近づけてくる保育者に笑顔で答えて，遊んでもらうことを期待するという姿が見られるでしょう。そこにコミュニケーションが生まれます。このような保育者の関わりを「応答的な関わり」と言います。このような関わりを繰り返していくと，乳児は自分の世話をしてくれる保育者の声や顔を覚え，「この人が好き」という気持ちが芽生えます。保育者は子どもからの主体的な働きかけを受けて，温かく応答的で受容的な関わりをしながら，一人一人に適した援助を行うのです。

2 「子ども主体」を尊重した生活の援助

　0歳児クラスは発達の個人差が特に大きいクラスです。保育者は，乳児一人一人の生理的リズムを尊重し，保障していきます。家庭とも連携し，24時間の生活の流れの中で，乳児の状態を把握していきます。乳児が安心できるように，食事や排泄などの世話の部分はできるだけ決まった大人が関わるようにするとよいでしょう。

　このような「乳児の心地よい生活」を目指す配慮は，「子ども主体」を尊重する保育の土台となります。具体的にどのような配慮をしたらよいのでしょうか。事例から見ていきましょう。

> **エピソード1　授乳場面**
> いつもの場所にゆったりとした気持ちで座り「今からミルクにしましょうね」と優しくアオイに語り掛ける保育者。アオイが手足を自由に動かせるように抱き，自ら哺乳瓶を触ったり，つかんだりすることができる体勢を意識しています。哺乳瓶の乳首の部分は保育者主導で口の中に入れるのではなく，唇のあたりにそっと触れながら，アオイが自分から吸い付くタイミングを待ちます。飲み始めたら「おいしいね」「ごくごく」などと優しく話しかけながら目線を合わせています。

　食事は，生きることそのものです。保育者が飲ませるのではなく乳児自らが「飲みたい」と思えるような援助が大切です。この時期はまだ言葉を理解していませんが，「今からミルクにしましょうね」と言葉にして伝えることで，次第に乳児がその行為を自覚し，受け身ではない姿勢になっていくでしょう。さらには行為に「見通し」を持つということにつながっていきます。

> **エピソード2　食事場面**
>
> 　イトは，これまで保育者の膝の上で食べていましたが，1歳を過ぎたころから，椅子に座って食べるようになりました。食事の前に手を拭いてもらい，エプロンをするという流れもよくわかっているので，自分から身体を動かしてそれらの行為に協力しています。食事が始まると，食べたいものを指さして保育者に伝えています。保育者は食べ物を乗せたスプーンを舌の上にそっと置くようにして，それをイトが自分で取り込むというタイミングを大事にしています。イトは食べたいものを口に入れてもらうと満足そうにしています。

　事例のイトのように，1歳を過ぎ歩行が自立し，自分の足でテーブルに移動できるようになると，椅子に座って食べるようになります。食事が終わるまでの間，上半身が安定するようになるので，姿勢に無理がなくなるのです。エプロンをする，手を拭くなどの行為も，言葉をかけてもらいながら毎回同じ手順で進められているので，見通しが立ち，自分から体を動かして協力しています。保育者は食事のメニューをすべてテーブルの上に並べ，食べたいものを指して伝えられるように配慮しています。

　この時期は，こぼしてもよいので手づかみで食べられるものを用意する，スプーンは，大人の援助用の長い柄のものと乳児が持つための持ちやすいものの2つを用意するなど，様々な工夫をしながら乳児が自ら食事に向かう姿勢を大事にします。

　おむつ交換の場面でも同様に，おむつ交換に向かう前に「おむつを替えに行こうね」とこれからの行為を伝えるための声をかけます。「ごろんとするよ」

と優しく声をかけながらきれいにし，さっぱりした心地よさを感じることができるようにします。行為に見通しが持てるような言葉かけと，「きれいになったね」と不快から快への意識を言葉で表現して知らせることが大切です。おむつ交換が終わり起き上がるときも，乳児が自分の腹筋を使って起きるようなイメージをしながら援助するとよいでしょう。

　ある保育所では，おむつ交換は「一対一のスキンシップの時間」だと考えるようにしました。効率よくおむつを替えることよりも，一人一人の子どもと気持ちを通わせることを意識するのです。子どもは「気持ちいいね」「たくさん出たね」とポジティブな言葉をかけられることで，おむつ交換が「動けない嫌な時間」ではなく「幸せで嬉しい時間」になります。保育者がこのことを意識するようになってから，おむつ交換を嫌がる子が少なくなっていきました。

　このような保育者の配慮のもと，心地よい生活が保障された子どもは，興味関心に基づいて自分を取り巻く環境に働きかけ，遊び出します。

3　0歳児の姿

①感覚を通して外界を認知する

　手足を思うように動かせるようになった乳児は，興味の向いた方に身体を操り，自分の体に触れたり，他者や物に触れたりしようとします。触れた感覚によって，自分と外界は違う存在であることに気づくのです。おもちゃに触れたら偶然音がでた，というようなことがきっかけになり，次第に周りへの興味を示していきます。面白いものを見つけたけれども触れたい人や物に届かなければ，届くようにハイハイをしようとしたり，物につかまって立ち上がろうとしたりするなどして，運動機能を発達させていきます。このように乳児は保育者の応答的な関わりと適切な環境に支えられながら，周囲に興味関心を広げ，様々な能力を発達させていくのです。

　0歳児の前半は，周囲の人や物をじっと見つめたり，声や音がする方に顔を向けたりするというように，感覚を通して外界を認知することが中心になります。0歳児後半になると，座る，這う，立つ，伝い歩きをするという活動が多

写真7-1　体を動かす

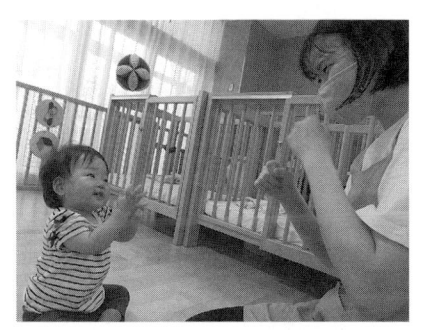

写真7-2　安心できる関係

くなり，体を動かすことを楽しいと感じるようになります。

②安心できる人と一緒に過ごすことを喜ぶ

「いい気持ちになりたい」という要求に丁寧に対応してもらうことで，安心できる関係が生まれます。一緒に過ごす喜び，親しみの気持ち，人と一緒にいることは心地よいというような感情を抱くのです。

担当制（特定の保育者との間にしっかりした愛着関係を築く）の工夫や応答的な言葉かけなどによる「養護」の視点がその土台になります。特定の保育者との関係がしっかり築けると，周囲の大人や友達との関わりを楽しめるようになっていきます。

③興味関心のある身近な環境に自分から関わろうとする

心地よい環境の中で，安心した人間関係ができると，次第に生活用品，玩具，絵本等の音，形，色，手触りに気付き，つまむ，つかむ，たたく，引っ張るなどの行為をたくさん行うようになります。保育者の優しい歌声やリズムを感じて体を揺らす姿も見られます。保育者と一緒に絵本などを見て，イメージの世界を味わうこともできるようになります。

ハイハイのときはその手の届くと

写真7-3　物との関わり

ころに適切な玩具を置くなど環境を充実させ，つかまり立ちができるように
なったら立ち上がったところに楽しめる玩具があるというように，保育者はそ
の発達段階を見極めながら，乳児の「物との関わり」の側面を支えます。

2　1歳児の保育内容と実践

1　主体性を尊重した生活の援助

　1歳児クラスの子どもたちは，自我が芽生えて自己主張が強くなり，難しく
ても自分でやろうとする姿が多くなります。保育者は子どもの気持ちを尊重し，
余裕をもって見守り，適切なタイミングでふさわしい援助をしていきます。そ
の際，子どもが自分から取り組み，自分でできたという満足感が得られるよう
な配慮をします。

　一対一で無理なく進めてきた食事は，次第に2，3人の友達と一緒に席につ
いて食べることができるようになっていきます。食事のタイミングは，空腹を
感じたときや，遊びがひと段落した時など個々のリズムを尊重しながらも，あ
る程度一定のリズムを整えていくようにします。自我が強くなり，好き嫌いが
目立つこともありますが，食事の時間が楽しいと思えるような配慮をしながら
進めていきます。

　排泄では，おむつが濡れていないタイミングを見計らってトイレに誘うと，
便器で排尿できることがあります。排泄の自立は，個人差が大きい生活習慣の
一つであり，保護者の関心も高いので焦りがちですが，保育者は焦らずに子ど
ものペースを尊重することが何よりも大事になります。「自立歩行が可能にな
る」「言葉をいくつか理解している」「排尿の間隔が2時間ほど空く」という様
子が見られたら，トイレに誘い，保育者と一緒に歩いてトイレまで行きます。
少し座って偶然に出るタイミングがあれば，「出たね」と声をかけて排尿を言
葉で知らせていくようにします。デイリープログラムで排泄の時間を決め一斉
に行くということではなく，それぞれのタイミングを見つけていくことが大切
です。

　着替えの場面でも，食事や排泄と同様に，行為を言葉にして関わるようにするとよいでしょう。着替えを手伝いながら「足を上げるよ」「今度はこちらの足からはくよ」と声をかけることで，子どもが行為に見通しが持てるようになります。

　このことが無理に着替えさせられることはないという安心感につながり，自分から着替えの行為に参加する姿につながっていきます。丁寧な関わりは時間がかかるように思えますが，結果的に「やってみよう」とする意欲が育まれ，スムーズに習慣が身につくことにつながるといえます。

　このような丁寧な関わりを繰り返していくと，着替えの後，保育者の真似をして脱いだ服をたたむような姿も見られるようになります。

　見通しを持った中で安心して生活できるようになった子どもは，周囲の人や物への関心がさらに広がっていきます。以下，保育所での遊びの事例を中心に見ていきましょう。

2　1歳児の遊び

①全身を使った遊び

　1歳児になると，全身を使った遊びを好むようになり，段差から飛び降りようとしたり，傾斜のあるところを歩いたり，道具を押したり引いたりしながら遊ぶことが多くなります。

　写真7-4のように箱を押しながら歩く姿は，廊下や戸外でよく見られるようになります。このような動きを繰り返すうちに，身体をコントロールする力がついていきます。

写真7-4　全身を使った遊び

②人形の世話をして遊ぶ

　この時期は，ぬいぐるみや人形に対して親しみの感情が芽生えます。大人が世話をする様子を真似て，食事やお風呂，午睡場面などを再現する様子が見られます。これらの感情は身近な大人との愛情深い関

117

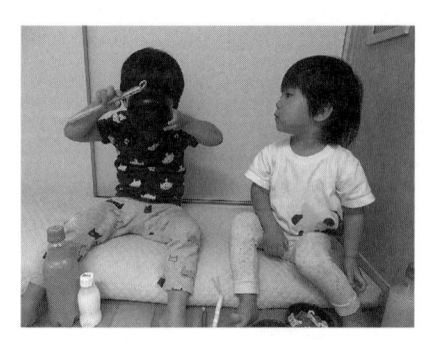

写真7-5　人形の世話　　　　　写真7-6　見立て遊び

わりから育まれるものです。自分がしてもらっているように人形をかわいがるのです。

　③見立て遊び，つもり遊びを楽しむ

　身体の操作や物事の認識が育ってくると，様々なものを見立てて遊ぶようになります。保育者は子どもの「見立て」や「つもり」の世界を理解して，模倣のイメージを広げるような言葉をかけていきます。一人で行う模倣遊びから，次第に友達が関わるようになっていきます。

3　2歳児の保育内容と実践

1　子どもの「やってみよう」とする気持ちを尊重した生活の援助

　衣類の着脱等，自分の身の回りのことを自分でできるようになることが保育者の大きな関心の一つになりますが，その関わりが自立に向けての「訓練」にならないように気を付けます。保育者に言われたからするのではなく，子どもが自分で考えて判断できるようにします。

　たとえば，保育者が一人一人の排尿間隔を把握して，その子の遊びや生活の区切りでトイレの誘いの声をかけることが効果的です。そこで気が付いて行く子どももいれば，遊びに夢中になっていて「行かない」という子どももいるかもしれません。

　そのときは「後で出ちゃっても知らないよ」などと脅かしたり，無理に行かせようとしたりせず「おやつを食べたら行ってみようか」と次のタイミングを伝えるようにすると，先の見通しが立ちやすいのか，次第に子どもの方から「外に行く前にトイレに行く」「これが終わったら行く」と言って，排泄のタイミングを自覚することがあります。

　このように，着替えや排泄などの生活面においても，子どもが「自分でやってみよう」と思えるように保育者は意識していきます。一方で，一人でできるようになっても時には甘えを受け止めたり，そばで見守って「できたね」と声をかけたりしていくことも大事です。少し難しいと思われる課題でも，「自分でやりたい」「自分で考える」という気持ちを大事にして関わっていくと，粘り強く取り組む姿勢が身に付いていくのです。

2　2歳児の遊び

　①全身を動かして遊ぶ

　2歳児になると，身体のバランスを取って，箱の橋を渡ったり，走ったり，ジャンプをしたりして，空間認知や平行感覚の育ちを感じることができるようになります。

　②生活を再現する

　イメージする力，見立てる力が育ってくると，料理作りや受診場面などの再

写真7-7　ジャンプ

写真7-8　生活を再現する

現遊びを繰り返し楽しむようになります。友達の遊びを真似する姿も多くなるので，複数の子どもが同じ遊びに集中できるように，遊具の数や種類が必要になります。

③並べたり積んだりする

何か最終的な目的があるというよりは，並べたり積んだりすること自体を楽しんでいます。高く積めたり長く並べられたりすることで，達成感や満足感を得ているのです。色や形への興味も出てきます。じっくり取り組める時間と邪魔をされない空間，ある程度並べられる数の物が必要になります。

④お話を作って遊ぶ

動物の家を作りながら，イメージを言葉にしてお話を作ることもできるようになります。しっかりしたストーリーがあるわけではありませんが，登場人物に共感して，会話を展開します。大人が語るお話や絵本の読み聞かせ体験がたくさん積み重なって，こういった子どもの表現の土台になっています。

保育者は，どの年齢においても子どもの「やりたい」という気持ちを高めるような環境構成ができているかどうか，保育者の援助が適切かどうかを常に振り返ります。子どもの姿をしっかり記録し，次にどのような経験が必要か考え，新たな環境構成や保育者の配慮などを確認して，次の計画を立てていくのです。

写真 7-9　並べる

写真 7-10　動物の家

まとめ ．．．．．．．．．．．．．．．．．．．．．．．

　「養護及び教育が一体的に展開する」「子ども主体を尊重した生活の援助」「環境
を通して行う保育」というような保育内容の基本的な考え方を，保育所の０・１・
２歳児クラスの事例から見てきました。保育者の応答的な関わり，温かな言葉かけ，
豊かな環境設定など，様々な工夫や配慮に支えられて，子どもたちが多様な体験を
していることが理解できたのではないでしょうか。「いい気持ちになりたい」とい
う要求に丁寧に対応してもらうことで，安心できる関係が生まれ，そこから周囲へ
の興味関心が育ちます。時間と空間をしっかり保障され，集中して遊んだ子どもは，
充実感と達成感を味わい，次第にものごとに粘り強く取り組めるようになっていく
のです。

 さらに学びたい人のために

○無藤隆・大豆生田啓友（編著）『子どもの姿ベースの新しい指導計画の考え方』
　フレーベル館，2019年。

　　子どもの姿をどのように捉えていくのか，そこからどのように指導計画を立
　てていくのかが理解できます。資質・能力の３つの柱や，幼児期の終わりまで
　に育つ10の姿などのキーワードを踏まえて保育の内容を考えていくことができ
　ます。

○無藤隆・大豆生田啓友（編著）『０・１・２歳児　子どもの姿ベースの指導計
　画』フレーベル館，2019年。

　　０・１・２歳児の年間計画，月案，資料などを見ながら，保育内容の基本的
　な考え方を学ぶことができます。生活と遊びにおける保育者の配慮や環境設定
　についても，具体的に理解することができます。

第 8 章

事例で学ぶ
年齢による主な姿と保育内容②
―― 3・4・5歳児 ――

● ● ● 学びのポイント ● ● ●

- 事実を根拠に子どもの姿を捉えることを学ぶ。
- 年齢ごとの主な子どもの姿を学ぶ。
- 子どもにとって意味のある経験を支える保育者の関わりを学ぶ。
- 子どもと共に創造する遊びや生活の中に多岐にわたる保育の内容があることを学ぶ。

遊びや生活の具体的な場面から
保育内容を見出す

次に示す場面をイメージしましょう。

> ブランコが2つあり，それぞれにフウカ，ココロが乗っています。
> レン，アユがやってきて，「か～わって～」と言います。
> フウカ，ココロは「い～や～よ」と返します。

① 先に示した場面の続きの，子どもたちどうしでやり取りが展開するパ
　 ターンを想像し，まず一人でできるだけ多く書き出しましょう。その後，
　 グループで意見交換しましょう。

② ①で書き出したパターンごとに，子どもにとって意味のある経験とな
　 る可能性を探り，まず一人でできるだけ多く書き出しましょう。その後，
　 グループで意見交換しましょう。

③ ①で書き出したパターンごとに，保育者がそれぞれの子どものやり取
　 りのどこにどのように関わることが，②で書き出した子どもにとって意
　 味のある経験を支えることにつながるのかを考えて，まず一人で①で書
　 き出した子どもたちのやり取りの中に書き込みましょう。その後，グ
　 ループで意見交換しましょう。

④ ③の意見交換の際に，事例の子どもたちについて異なる年齢を想定し
　 た場合に，保育者の関わりがどう変化するか（しないか）を考えてみま
　 しょう。

● 導　入 ● ● ● ● ● ● ● ●

　登園から降園まで，入園から修了まで，子どもが園にいるすべての時間の遊びや
生活を通して，保育者は子ども一人一人の興味・関心や発達に応じて総合的に指導
します。指導内容は多岐にわたっており，単純に場面や子どもの年齢の違いのみで，
保育の内容や方法が決まっているのではありません。目の前の子ども一人一人の興
味・関心や置かれている状況，内面の理解に基づき，今その瞬間に発揮，伸長され
ている資質・能力を見極め，保育者が必要な関わりを瞬時に判断し，意図をもって
行動を起こし，保育しているのです。

　この章では，３・４・５歳児クラスの異なる年齢の事例を取り上げ，幼稚園での
具体的な保育場面において，子どもにとって意味のある経験となるよう，保育者が
どのように幼児の内面を理解し，どのように意図をもって関わっているのかを，事
実に基づき具体的に示します。なお，文中のたとえば「３歳児」は「３歳児クラス
の幼児」を意味します。

● ● ● ● ● ● ● ● ●

1 気持ちの安定による自己発揮から他者の思いへの気付きへ

エピソード１　「どっちも使いたいけど……」（３歳児３月）

　リンは，保育者の膝の上に乗って手を握り，「あの子が，あの子が，リ
ンくんのほしいの！」と言う。タカは泣きながら，「違うよ！　タカとマ
ユちゃんが使ってたんだよ！」と言うと，リンは勢いよくタカに詰め寄り，
拳を振り上げながら，「そうだけど，そうだけど，ほしいの！」と言う。
保育者は，リンの手を握りながら，「タカくんとマユちゃんがこの赤いリ
ヤカーを使っていたけど，リンくんも使いたくなったの？」と聞くと，マ
ユ，リン，タカは頷く。保育者が，「そうか〜。どっちも使いたいんやね。
困ったね。他にリヤカーないかな？」と聞くと，リンは青いリヤカーを指
差して，「あれは使ってるの」と言う。保育者が，「あっ，リンくんは青い
のを使っているんやね。もう１つ欲しくなったの？」と聞くと，リンは，
「うん，つなげたいねんけど……」と言う。保育者は，「確かにつなげるの
は面白いもんね」と言う。タカがスケーターを指差して，「あれならある

　保育者は，思いが通らず昂っているリンが気持ちを落ち着けられるように，手を握り，気持ちを代弁しつつ，互いの言いたいことや気持ちが伝わるように，リンとタカの言葉を整理しています。そして，気持ちを受け止めてもらえる安心感をもてるように，どちらの気持ちにも共感するとともに，どうしたらよいか考えられるきっかけになるように，周りの状況を見せています。

　タカは，リンに違う乗り物を示したら赤いリヤカーでなくてもよいと思ってくれると考え，スケーターがあることを知らせました。そこで保育者は，タカの考えを受けてリンが自分の気持ちを伝えられるように，どう思っているか尋ねています。リンは，保育者に思いを受け止めてもらったり，友達に一緒に考えてもらったりして，気持ちに折り合いをつけて，スケーターをつなげるのでもよいと思ったようです。

> うと，リンは，「うん」と頷き，「ありがと」と言う。タカは，「いいよ」
> と言い，遊具に向かって走っていく。

　リンと保育者が一緒にいると，タカがリンの使いたがっていたリヤカーを貸してあげようと持ってきました。保育者は，タカに貸していいのか確かめると，タカはまた使いたいとは思っていますが，自分が使っていない間は使いたがっていたリンに貸してあげようと思った気持ちを伝えています。リンがタカの言ったことを理解できていない，と捉えた保育者は，リンがタカの言っていることがわかるように，言葉を足してタカの考えを整理し，タカの気持ちを確かめた上で，リンにもどうするか確かめています。そして，リンにはタカの優しい気持ちを感じられるように，タカには自分がしたことの優しさを感じられるように，タカがしてくれたことを知らせています。さらに保育者は，リンが気持ちを伝えられるようにきっかけを作ったことで，リンはタカにありがとうの気持ちを伝えています。

　エピソード1と2には，自己中心性が強く，思い通りにならない時に自分で気持ちを落ち着けることや，自分の気持ちや考えを相手に伝わるように言語化すること，相手の気持ちや考えに気付くことが難しい3歳児の姿が表れています。一方で，相手の気持ちに触れることで，自分なりに相手の気持ちを受け止めている姿も見られており，個人差が非常に大きいという特徴も表れています。

　3歳児に対して，保育者はまず，気持ちを落ち着けられるように，気持ちを受け止めてもらえる安心感を持てるようにスキンシップをとりながら気持ちを受け止めています。精神的な安定を意識することは欠かせません。精神的な安定に配慮しつつ，互いの気持ちが伝わるようにパイプ役として気持ちを代弁したり，気持ちを引き出したり，気持ちを理解できるように考えていることを整理して確かめたりしています。

　自分の気持ちがどうすれば相手に伝わるのかということも，一つひとつの具体的な関わりを通して体験的に学んでいきます。相手は自分と違う気持ちをもっていることを感じ，相手の気持ちも受け止めてどうするか考えようとする

方向に向かえるようになってくれることを願い，まずは安心して気持ちを出させつつ，機会を逃さず相手の考えや気持ちにも目を向けさせています。

2 イメージの深まりや遊びの広がりと試行錯誤

エピソード3　「足湯にゆっくり浸かりたい」（4歳児10月）

　ハコ，トオルらは土山に穴を掘り，水を流し入れて足湯を作っている。アンナ，サトミらは，土山から少し離れた小屋で，砂やどんぐり，葉っぱを使って料理を作り，お家ごっこをしている。

　ハコは保育者に向かって大きな声で「先生！　足湯のところで休憩できるようにしようよ！」と言い，保育者は，「いいね！　休憩できるようにするには何がいるかな？」と聞く。トオルは，保育者を見ながら，「いいこと考えた！　あのねー，机とか椅子とかがねーあるといいんじゃない？」と言う。保育者は，「いい考えかも！　机や椅子があるとゆっくり休めるしね」と言うと，トオルは笑顔で頷く。

　ハコはトオルに笑顔で，「休憩しながらご飯が食べれたらいいんじゃない？」と言う。保育者は，「ハコちゃんいい考えだね！　休憩しながらご飯も食べられたら，疲れも吹き飛びそう！」と言うと，ハコは笑顔で保育者の方を見て頷く。

　保育者が，「椅子や机になりそうなものはあるかな？」と聞くと，ハコは土山近くの木材置き場へ行き，板を持って土山に戻って来る。そして，足湯にするために掘った穴の両端に持って来た板を渡して置く。保育者は，「なんだか休憩場所らしくなってきたね。座ってみたら？」と言うと，ハコは，渡した板に座り，片足ずつゆっくりと水の中に入れ，「気持ちいい〜」と言う。

　保育者は，足湯で休憩できるようにしたいというハコの思いに共感しつつ，必要なものを考えられるように，何が必要か問いかけています。そのやり取りを見ていたトオルは，休憩するためには椅子や机があればよいと考え，保育者

は，トオルが自分の考えを伝えてよかったと思えるように，その考えのよさを具体的に言葉にして伝えています。

さらにハコは，休憩する場所でご飯を食べられたらより面白くなると考えました。保育者は，ここでもハコが自分の考えのよさを感じられるように，考えたことのよさを具体的に言葉にして伝えています。

保育者が，椅子や机になりそうなものを自分たちで探せるように問いかけると，ハコは板なら使えそうだと思って持ってきます。保育者は，ハコが置いてみた板が，見た目も具合も休憩場所にぴったりだと感じられるように，休憩場所らしくなってきていることを伝え，さらに，座ってみることを提案しています。ハコは実際に試して具合を確かめ，自分で作った足湯に満足しています。

エピソード4 「足湯にご飯を届けよう」（4歳児10月）

保育者は，ハコに「いい感じだね。後はご飯が食べられたらいいね〜。あっちのお家で，サトミちゃんがご飯作ってたから，作ってくれないか聞いてみるね」と言い，サトミがいる小さな小屋へ向かう。

保育者は，小屋の壁をノックして，「こんにちは」と言う。サトミは，バケツの中をおたまでかき混ぜながら，「サトミちゃんはお母さん役なの」と言う。保育者が，「お母さん，何作っているの？」と聞くと，サトミは，「今日はシチューです！」と言う。保育者は，「シチューですか!? 食べてみてもいい？」と聞く。サトミは笑顔で，「いいですよ！」と言って，小さめの深皿に，おたまでバケツの中の水が混ざった砂をよそい，スプーンを添えて保育者に渡す。保育者は「ありがとう！ いただきます」と言って，スプーンですくい，息を吹きかけ，食べる真似をし，「んー美味しい！ サトミお母さんはお料理上手だね」と言う。サトミは保育者を見て笑顔になる。

保育者は，「実はお願いがあって。温泉屋さんに休憩もできて，ご飯も食べられる足湯ができたんだけど，ご飯がまだなくて。美味しい料理を分けてくれないかな？」と聞く。サトミは笑顔で，「いいよ！ 持って行くから待ってて！」と言う。保育者は，「いいの？ ありがとう！ 温泉屋さんのみんなに伝えてくるね」と言い土山に戻る。

保育者は，「サトミちゃんにお願いしてきたよ！　もうすぐシチューを持ってきてくれると思うよ」と言う。ハコが大きな声で，「シチュー！ハコ食べたい！」と言う。しばらくしてサトミがバケツを持ってやってきて，ハコ，トオル，保育者に向けて，「お待たせしましたー」と言う。アンナは，そのやり取りを砂場のところから見ている。保育者が，「サトミちゃんがご飯持ってきてくれたよ！」と言うと，砂場にいたアンナは，右手には泥団子を乗せた皿を，左手には泥が盛られた皿を持ち，「アンナも持ってきたよ」と言う。保育者は，「アンナちゃんもご飯を運んできてくれたんだね。運ぶの大変だったでしょう」と言う。アンナ，サトミが，笑顔で持ってきた皿やコップを机にしている板の上に並べる。ハコは，並べられた皿やコップを見て，両手を頬にあてて笑顔で「わー！　美味しそう！」と言う。

保育者は，遊びが広がったり，他の遊びともつながったりするように，「ご飯が食べられたらいい」というハコの考えを呟き，近くでご飯を作って遊んでいるサトミがいることを伝えています。ハコが自分の遊びを続けられるように，サトミのところには保育者が向かっています。

小屋でお家ごっこをして遊んでいるサトミには，お家ごっこでのやり取りの楽しさを感じられるように，保育者は，家に来たお客さんのように振る舞い，会話を楽しみつつ，シチューを食べてみたいという気持ちを伝えたり，実際に熱いシチューを食べるようにして見せたり，料理を食べて感じたことを伝えたりしています。その後保育者は，ハコとサトミの遊びがつながり，遊びが広がっていく面白さを感じられるように，料理を提供してほしい気持ちを伝えています。サトミが，その期待に応えたいと張り切っている姿を受け，保育者はお礼を伝え，サトミが自分のことを待ってくれている友達の存在を感じられるように，温泉屋さんのみんなに伝えてくることを知らせています。

足湯を作っている土山では，保育者は，ハコとトオルが料理を持ってきてくれることを楽しみに思えるように，サトミが持ってきてくれることを伝えています。

　アンナは，土山でのサトミや保育者らのやり取りが気になり，自分もハコ，トオル，保育者に料理を振る舞いたいと思ったようです。保育者は，ハコ，トオルにアンナが料理を運んできてくれたことがわかるように，アンナが持ってきてくれたことを言葉にして伝え，アンナには気遣ってもらう嬉しさを感じられるように，労いの言葉を伝えています。アンナ，サトミは，得意になって料理を並べ，ハコは，料理を食べることに期待を膨らませているようです。

　エピソード3と4から，それぞれの子どもが自分なりのイメージをもちながら，友達のイメージの世界にも触れ，交わりながら，友達と世界観を共有し，さらにそのイメージを鮮明にしている様子が見えます。その過程で，より遊びが面白くなるようにアイデアを出し，楽しみながら試行錯誤していく4歳児の姿が表れています。

　このような4歳児に対して，保育者は，一人一人がもっている世界観を壊すことなく没頭して遊べるように，子どもの世界観の中で一緒に楽しみながら，試行錯誤することのよさを感じられるように支えていきます。子どもが考えたことには一つひとつそのよさを感じられるように，考えのよさを言葉で伝えています。

　また，そのイメージの世界を友達と関わることでさらに広げ，友達の世界観とも交わっていくことを楽しめるように，保育者は，遊びと遊びをつなぐきっかけづくりをしたり，友達の気持ちや考えに目を向けられるように，それぞれの世界観に入り込んで振る舞いながら，状況を言葉にして伝えたりしています。

3　生き物への想いから問題解決をめざす

> ### エピソード5　「トイレをきれいに気持ちよくしてあげたい」（5歳児5月）
>
> 　ある日の朝，カナ，ミオ，オウタが，ウサギの世話を始めようと，ケージを囲んで上から覗いている。
> 　オウタが，「うわーうんち，たくさんだね」と言う。保育者が，「本当だ。

網より上に出ちゃってるね」と言うと，ミオは，「本当だー」，オウタは，「段ボール（トイレ用資材）も出ちゃってる」と言う。保育者が，「うさちゃんはこれ，どうなんだろうねぇ」と言うと，ミオは，「嫌なんじゃない？」と言い，オウタは「うん」と頷く。保育者が，「なんだか，トイレする時にお尻がチクチクして，うんちもお尻に当たって，トイレがしにくそうだね」と言うと，カナが，「うん，多すぎ」と言う。保育者が，「どれくらい資材を入れるといいだろうね」と聞くと，オウタは，「当たらないくらいかな」と言い，カナ，ミオは頷く。

朝の荷物の始末を終えたセイも加わり，4人で手分けして世話を進めている。ミオが，洗ったトイレにトイレ用資材を入れ始める。カナも一緒に，一摑みずつトイレ用資材をトイレに入れていき，ミオが，それを両手でならしている。保育者が「さぁ，どれくらい入れたらいいか，やね」と言うと，カナが「さっきのは多すぎる」と言う。保育者が「お尻がチクチクしないように……」と言いかけると，ミオが「平らにする」と言って両手でトイレ用資材をギュッギュッと押さえている。保育者が「なるほど，平らに，ね！」と言うと，ミオは「平らにした方がいいと思う」と言い，カナは，ミオが押さえつけているのを横で見て，少しだけトイレ用資材を握って入れる。ミオは，さらに押してならし，「平らにできた！」と言う。

ウサギの世話を始めた3人は，ウサギがフンをたくさんしていることに驚いています。その際，保育者は，トイレ用資材が多いためにフンが溢れていると気付くように，フンが網より上に出てきている様子に着目させています。そして，ウサギにとってどうなのか考えられるように，ウサギの気持ちを尋ねたり，ウサギがなぜ嫌かを具体的にわかって，どうしたらいいか考えていけるように，子どもたちが感じていそうなことを言葉にして聞かせたり，ウサギにとって，トイレ用資材をどれくらいの量入れるといいかを考えられるようにきっかけを作ったりしながら，子どもたちはウサギを想って世話を進めています。

カナとミオが，トイレ用資材を入れ足したり，ミオが隙間なく端まで入れようとならしたりしている時，保育者は，溢れていたことを思い出して，量を考えられるように，問題を明確にしました。すると，カナとミオは，ウサギのた

めに，トイレ用資材を多すぎないようにしようとしたり，網から出ないように
するために平らにするといいと考え，押さえつけて入れたりしています。また，
保育者は，いい方法を考えられたと思えるように，子どもの考えに感心した気
持ちを言葉にし，子どもは自分の考えに自信を持っています。

エピソード6　「トイレ用資材はどれくらい入れる？」（5歳児5月）

　その後，保育者は，クラスのみんなで今朝の出来事について話そうと，
そのきっかけを作った。ミオやオウタを見ながら，「今日，うさちゃんの
お世話のことで，みんなに聞きたいことがあったんだよね」と促すと，オ
ウタは「ねぇみんな，トイレの段ボールはどれくらい入れてる？」と尋ね
た。みんなは口々に，「4回くらい！」「3回？」「1回でバサーっと！」
と答える。オウタは首を傾げて，「んー，いろいろでわかんないよ」と言
う。保育者が，「今日掃除したら，トイレの網の上に紙とうんちがはみ出
てて，うさちゃんのお尻がこそばそうだよねって話してたんだよね？」と
言って，タブレットで今日のトイレの写真を見せる。ヨウが立ち上がり，
胸の前で右手と左手を水平にして，15センチくらいの幅を作り，「これく
らい，半分くらいがいいんよ」と言いながら，右手を最初の位置から半分
くらい下に下げる。

　保育者はみんなを見渡しながら，「どう？　半分かぁ。紙がお尻に当た
らなくて，うんちが落ちる隙間があって，少なすぎない量って半分くらい
なのかな」と言うと，ミオは，「ギュッてして平らにしたらいいよ」と言
う。保育者が「どう？　次から入れる時，考えられそう？　入れ方とか，
半分くらいかなとか言ってくれてたね」と言うと，オウタは，「うん，
やってみる」と言う。

　エピソード5と6には，生き物のことを想い，問題だと感じたことに対して，
その解決に向けて5歳児なりに論理的に思考し，友達と一緒に考えようとする
姿が表れています。

　このような5歳児の姿を支えるために，保育者は，生き物にとって何が問題
なのか気付けるように，問いかけて意識を向けたり，問題解決に向けて考える

ポイントを明確にしたり，そのために何ができるのかを豊かに考え，試して確かめられるよう，きっかけを作ったり見守ったりしています。さらに，数人の気付きをクラスの友達と共有する機会を作ったり，自分事として考えられるように，生き物の気持ちにも意識を向けながら，直接見ていない子どもにも状況がわかるように，言葉で整理したりタブレットで写真を見せたりしています。

この事例の子どもたちの姿から，ウサギとの触れ合いや世話を通して生き物を大切に想う「自然との関わり・生命尊重」や，問題解決に向けた「思考力の芽生え」，トイレ用資材の量を網の高さと比べたり，押さえたり，平らにしたりと操作している「数量や図形，標識や文字などへの関心・感覚」，困ったことをクラスの友達に尋ね，考えを伝え合う「言葉による伝え合い」，そして，あるグループや友達の気付きや困り感をクラスのみんなで共有したり解決したりして，みんなでウサギの世話を進めていこうとする「協同性」などの，10の姿につながる姿が育まれていると言えます。

4 仲間のみんなが納得する解決策を見出す

エピソード7 「全部の技をやりたい」（5歳児2月）

発表会が近付いてきており，保育者が，「今日朝すぐ年中さんが観に来てくれるよ」と言う。ユウキは部屋にいる友達を見て，「昨日の決めてないやん。こま縄跳びグループ！ 話すから集まって！」と言い，プログラムを書いたボードを持ってくる。グループのメンバーが集まって輪になると，ユウキがみんなの方を見て，自分の隣に置いたプログラムを見せながら，「これを全部やると，長いねん。15分以上やねん。19分ぐらいになってるから，技を無くさんとあかんねん。1個ずつ」と言う。マサヤが，「じゃあ，キノコ回し」と言うが，タクは，「キノコ回し無くしたくない」と言い，ソウ，カズキも「うん，無くしたくない」と言う。マサヤは，「じゃあ，何無くせばいいん」と言う。ユウキは縄跳びのプログラムが書いてある方を指差し，「じゃあ，こっちで無くしたいものはある？」と聞く。カズキは，「ない！」と言う。タクは，「ある！ 走り跳びとケンケン

> 跳び無くしたい」と言うと，マサヤが，「1個やん。2個あかんやろ」と言う。
> 　カズキは，「前跳びの時，半分やったら後ろ跳びでもいいと思う」と言う。ユウキは，「無くしたくないならお歌の半分で変えるとか」と言い，ソウは，「うん！」と頷く。ユウキが，「みんなそれでいーい？」と聞くとグループのみんなが，「うん！」と頷く。

　保育者は，年下である年少，年中の子たちを招待し，自分たちが今までやってきたことを見てもらうことで，自信をもったり本番への期待が高まったりするよう，発表の場をつくっています。今日は年中組が来てくれる予定になっていますが，昨日話していた持ち時間を超えていることについてまだ話し合えていないので，話し合いをしようと思えるきっかけになるよう，今日の予定を伝えています。ユウキは，プログラムについてみんなで話し合いたいと思っており，今グループのみんなを集めて話さなければいけないと思って声をかけています。その際，技を無くすか無くさないかの話をするためには，全体像が見え，整理されているプログラムを見ながら相談すれば，みんなで話がしやすいと考え，ボードを準備しています。ユウキは，みんながいることを確認し，みんなで見て話がしやすいように，プログラムを自分の隣に置いて話し始めました。ユウキは，考え直さなければいけないことをグループのみんなが思い出せるように，状況を詳しく話しています。

　ユウキは，こまと縄跳びのプログラムから，それぞれ1つずつ技を無くしたらよいと思っています。マサヤは，キノコ回しなら無くしてもよいと思いましたが，タク，ソウ，カズキは無くしたくないと思っています。マサヤは，どうすればみんなが納得いくのかと頭を悩ませています。

　ユウキは，みんなの意見を聞いて進めようと思っていますが，このままこまの話をしていても話が進まないので，縄跳びのプログラムを先に話し合ってみようと考えています。カズキは全部やりたいと思っています。マサヤは，タクの2つの技を無くしたいという思いを聞き，それぞれから1つずつ技を減らすということを前提で話し合っているのに，みんなとしていた話と違うことを指

摘しています。

　カズキは，曲の半分で技を変えれば，時間内に考えている全ての技ができるのではないかと考えます。ユウキは，カズキの言っている意味を何となく理解し，自分のアイデアとしてわかりやすく言い換えて伝えており，ソウもその方法がよいと思っています。ユウキが，曲の途中で技を変えることに賛成かどうか尋ねると，みんなが同意しています。

エピソード8　「技を変えるのはどのタイミングがよさそう？」（5歳児2月）

　保育者は，「じゃあ一回聴いてみる？　どっかで半分に分けられたらいいね」と言って再生ボタンを押す。ユウキは，曲が流れるまでの間に，「ねえ，ねえ，じゃあ〈ヘイヘイ〉でやめたら？」と言う。歌詞が〈君がいる〜〉のところにくると，タクが，「〈いる〜から〜〉で半分に分けたらいい気がする」と言う。カズキも「〈から〜〉でいいんちゃう？」と言う。保育者がそれぞれの顔を見て，「ここで変える？」と聞くと，ソウ，ユウキは，「うん！」と頷く。曲を流し続けたままで保育者は「で，途中で次の技にするってこと？」と聞く。ユウキが，「〈から〜〉でいいやん，〈から〜〉」と言う。

　〈ヘイヘイ〉の前のゆったりとした曲調のところにくる。タクは，「で，ここでやったらいいんちゃうん？　ここでわかりやすいで」と言う。歌詞が〈ヘイヘイ〉のところにくる。ユウキは，「〈ヘイヘイ〉で入ればいいんちゃうん」と言う。カズキは，「でも，でも，〈から〜〉の方がいいと思う」と言う。ユウキは，「〈から〉って？　〈から〉の方がやだ」と言う。アイは，「〈ヘイヘイ〉の方がわかりやすい」と言うと，ソウも，「〈ヘイヘイ〉の方がいいよね」と言う。

　保育者が，「もう一度戻してみようか？」と言って曲を流す。歌詞が〈ヘイヘイ〉のところにくると，タクが，「〈ヘイヘイ〉の方がわかりやすいで」と言う。アイも，「ジャンプのところで」と言い，ユウキは，「だって〈ヘイヘイ〉は一回やもん」と言う。ソウは，「ちょうど真ん中らへんやもん」と言い，ユウキはみんなに，「〈ヘイヘイ〉でいい？」と聞く。カズキ，マサヤは頷いて続きを歌う。教師が「決まったね！」と言うと，マ

サヤ，ソウ，ユウキが「うん！」と頷く。

保育者は，曲の長さや曲調を感じてどのタイミングで技を変えるのがよいか
を具体的に決められるように，一度曲を流してみることを提案しています。ユ
ウキは，曲調が変わることを感じており，〈ヘイヘイ〉のところで分けるとよ
いと思っています。タクは，半分くらいのところを感じており，みんなに伝え
ると，カズキが同調しています。保育者は，まだ何も言っていない子どもたち
はどう思っているのか伝えられるよう，他の子どもたちにもタク，カズキの
言っているタイミングでいいのか尋ねています。ソウ，ユウキもカズキが言っ
たところに賛成しています。保育者は，引き続き，曲の他のところでもタイミ
ングのよいところが見つかるかもしれないと考えて，曲を流したままにしてい
ます。また，何も答えずに聞いている子どもや，どういうことかわかっていな
い子どもも，技が切り替わるタイミングがわかるように，技の名前を出して確
かめています。ユウキは，それを聞いてやっぱり〈から〜〉がよいと思ってい
ます。

　タクは，曲調の変化を感じて，次の技をし始めるのによいタイミングを新た
に見つけています。ユウキも，先を聴いていくと，〈ヘイヘイ〉のところがタ
イミングがよいと思っていますが，カズキは，先ほど言っていた〈から〜〉の
ところの方がよいと思っています。アイは，曲調の変化を聞いて，〈ヘイヘイ〉
の方がわかりやすいと思っており，ソウも同調しています。

　保育者は，みんなが納得して決められるように，もう一度曲を聞くことを勧
めています。タクは，やっぱり〈ヘイヘイ〉の方がわかりやすいと思っていま
す。アイも同じ気持ちで，以前，自分たちが踊っていた振り付けで言い換えて，
どこの場面であるかを伝えています。ユウキは，もう一度聞いても，やっぱり
〈ヘイヘイ〉がよいと思っており，みんながこのタイミングで切り替えること
に納得できるように，〈ヘイヘイ〉は一度しか出てこないという別の理由を加
えて伝えています。ソウは，〈ヘイヘイ〉のところがちょうど半分ぐらいでよ
いと思っています。ユウキが，〈ヘイヘイ〉のタイミングでみんなが納得して

いるか尋ねると，カズキ，マサヤも納得していることを伝えています。保育者が，みんなで気持ちよく決められたことに満足がいくよう，決まって嬉しい気持ちに共感すると，マサヤ，ソウ，ユウキは，みんなで納得して決めることができて喜んでいます。

　エピソード7と8から，発表会を素敵なものにしたい，仲間と一緒につくり上げていきたいという目的をもって進める中で，今のままでは自分たちが実現したいことができず，やってきたことが途中で終わってしまうという問題を感じ，仲間を集めて話し合いを始め，みんなが納得するような解決策を見出そうとする5歳児の姿が表れています。5歳児は，このような経験を積み重ねてきているため，みんなで考える時に必要なものを自分たちで用意したり，状況を整理したり，新たな観点を見出したり，話が違うことを指摘する姿も見られます。

　保育者は，子どもが問題だと感じていることをみんなで話せるように，その問題への気付きを再認識させ，話し合いに向かおうとするきっかけをつくったり，解決の方向性が決まれば，具体的に決めていけるきっかけをつくったりしています。そして，言葉を発している子どもだけではなく，メンバーのみんなが話し合いに意識を向けて参加できるように，理解しているかどうかを確認したり，他児の意見を受けて具体例をあげ，わかりやすく説明を加えたりしています。

　この事例の子どもたちの姿から，やり遂げたい，素敵な発表会にしたいという「自立心」，話し合いの中で自分の気持ちや考えを言葉にして伝える「言葉による伝え合い」，音楽の要素を取り入れ曲調の変化を感じている「豊かな感性と表現」，曲や技の長さ，発表の時間を感じ，組み合わせて考えている「数量や図形，標識や文字などへの関心・感覚」，友達と目的を共有して考えを出したりみんなが納得するところを探ったりしてつくり上げていく楽しさを感じる「協同性」などの10の姿につながる姿が育まれていると言えます。

5 子どもの経験を支える保育実践のために

　遊びや生活を子どもと保育者で生み出す過程で，一人一人の子どもの育ちにつながる経験の一つひとつが保育の内容であり，保育の内容は多岐にわたります。さらに，子どもの育ちにつながる経験の一つひとつを支えるための保育者の関わりは膨大なものになります。それらの多くは，保育をしながら瞬時に判断することを求められます。この判断がブレないように，全ての遊びや生活の中で大事にすることは何か，保育者はしっかりと自覚しておくことが必要です。

　最後の5歳児2月の事例では，仲間のみんなが納得する解決策を自分たちで見出そうとする5歳児の姿が表れています。このように自分たちでみんなが納得する解決策を見出すことは，年齢が大きくなれば自然と見られるようになるのでしょうか。5歳児の5月の事例では，生き物を大事に思う気持ちから，生き物にとって問題だと感じたことを解決していこうとする姿が見られます。

　4歳児10月の事例では，楽しい遊びの中で様々に試行錯誤して自分の思い描くイメージに近付けていくことを楽しんでいる姿が見られます。このように楽しいことを追求していくと，もっとこうしたいという気持ちが高まり，その実現に向けて試行錯誤する経験を積み重ねていくことは，問題解決に向かう姿勢と近しいものがあります。

　3歳児3月の事例を見ると，自分のこうしたいという思いが叶わず，昂った気持ちを，落ち着かせられるように支え，その上でそれぞれの気持ちがしっかりと出せるように関わっています。このことは，自分の気持ちをしっかりと相手に伝えることを支えると同時に，他者には自分と違う気持ちがあるということを感じさせる上でも重要です。ただし，気持ちの出し方がまだまだ巧みにはできないため，保育者が気持ちを代弁したり，引き出したりし，それぞれの子どもの本当の気持ちが伝わるようにする必要があります。そうする中で，解決の方法は，当事者みんなが納得する方向で探っていきます。

　つまり，すでに3歳児の頃から根っこのところは何も変わっておらず，保育の過程において，みんなが納得できるように試行錯誤する経験を大事に考えて

いることがわかります。具体的な支え方は，事例にもあるように時期によって発達の姿が異なっているのですから，その姿に合わせて変化させていくのは当然のことです。さらに複雑なのが，同じ年齢の子どもであっても，一人一人の子どもの発達の状況や個性に合わせて，めざす方向は変わらなくても関わり方は異なるものです。

　また，一つの方向性だけを大事にしているわけではありません。5歳の事例がわかりやすいと思います。生き物を大事に思う気持ちや考えを伝え合うことを大切にしています。思いを巡らせ考えている時には，量のこと，時間のことを意識させたり，曲調の変化にも目を向けたりしています。

　このように考えると，保育の内容は多岐にわたり，関わり方も，これをすればよいという決まったものや手順があるわけではなく，非常に難しく感じられると思います。しかし，保育者は難しいと思いながらも，だからこそ楽しいとも思っています。

✏ まとめ

　保育者の環境の構成や教師の援助は，各エピソードの後の解説文中において，「ように」という言葉を間に使いながら解説しています。「ように」の前には保育者の意図を，後には行為を書いています。この意図の部分から，保育者の関わりの一つひとつには，子どもにとって意味のある経験につなげていきたいという願いが込められていることが読み取れたことと思います。その願いが子どもの気持ちと乖離することなく，子どもの気持ちに寄り添い，子どもの内面に響くものになっているかどうか，保育の内容が，保育者の願いが強いあまりにひとりよがりなものになっていないかどうかを，具体的な子どもの事実から確かめながら，遊びや生活を子どもとともに創造したいものです。

　エピソードの子どもの行動の一つひとつは，その時々の子どもの心の動きがあった結果，事実として現れたものです。そこに至る過程での子どもの心の動きを読み取ることも非常に難しいことですが，幾通りにも解釈できることがわかった上で，どの解釈が，今，目の前の子どもの気持ちにぴったりなのか，事実を丹念に読み解くことを継続し，他のエピソードとも関連付けていくことで，点が線になり，線が重なり合って面となり，より確かな内面の読み取りとなることで，子どもにふさわしい関わりが生まれ，遊びや生活を子どもと共に創造することにつながっていくでしょう。

さらに学びたい人のために

○無藤隆（編著）『幼児期の終わりまでに育ってほしい10の姿』東洋館出版社，
2018年。

　「幼児期の終わりまでに育ってほしい10の姿」についての解説が丁寧にされ
ています。さらに具体的な事例が豊富に掲載されており，事例を通して，その
見取りについて理解を深めることができます。

○津金美智子（編著）『平成29年版新幼稚園教育要領ポイント整理』東洋館出版
社，2017年。

　2017（平成29）年３月に告示された幼稚園教育要領の改訂のポイントが整理
され，わかりやすく解説されており，何がどう変わったのか理解を深めること
ができます。

第 9 章

事例で学ぶ
家庭や地域との連携

● ● ● 学びのポイント ● ● ●

- 親や地域と園との間に求められる連携について学ぶ。
- 子どもの育ちの姿を親に伝えるための方法について学ぶ。
- どのような連携も，一人一人の保育者が子どもを中心として親と関わり，信頼関係を築くところから始まることを理解する。

　上の写真は，幼稚園入園当初は親と離れられず，泣いて登園していた3歳児（中央の子ども）のその後（4月下旬）の様子を撮影したものです。

① 　中央にいる子どもは，指さしをしています。指をさしている方向にあるものが，その子どもの興味・関心のありかです。さて，何に興味を示し，どんな言葉を発していると思いますか。

② 　あなたはこの子どもの担任保育者であるとします。この子どもの今の姿や今後の育ちについて親にどのように伝えられるのか，具体的に考えてみましょう。

③ 　考えたことをグループで話し合ってみましょう。

● 導 入 ● ● ● ● ● ● ●

　連携は，連なる，連絡する，協力する，仲間・"連れ"を意味する「連」と，携える，一緒に行動する，協力するを意味する「携」という字から成り立っています。つまり，連携は，一方向でなく双方向の関係の上に行われることがわかります。子どもは，家庭や園，地域など，人や自然，環境の中で育ちます。そこに連続性や共通の目標があれば，子どもの育ちも連続した豊かなものになるでしょう。しかし，時代とともに，人と人，地域や社会との関係性が変化し，価値観も多様化してきました。子どもが豊かに育つよう，園と家庭や地域の連携が改めて重要になっています。この章では，連携が重視されてきた背景とその目的，連携を進める上での留意点や工夫について考えていきます。

● ● ● ● ● ● ● ● ●

1 現代社会における親の子育ての状況と園に求められる役割

　文部科学省は2004（平成16）年の答申で[*1]，近年の子どもの姿として，基本的な生活習慣が身についていない，他者との関わりが苦手，自制心や規範意識が十分に育っていないなどの課題をあげています。その背景としては，少子化や核家族化，都市化などによって人間関係や地域とのつながりが希薄になっていること，さらに，人々の価値観や生活様式が多様化していることがあり，それらが複合的に子どもの育ちや家庭における子育て環境を変化させていると述べています。

　また，2016（平成28）年のベネッセ教育研究所の調査では[*2]，子育てをする中で「子どもがかわいくてたまらないと思う」「子どもを育てるのは楽しくて幸

＊1　文部科学省「子どもを取り巻く環境の変化を踏まえた今後の幼児教育の在り方について」2004年
　　 https://www.mext.go.jp/b_menu/shingi/chukyo/chukyo0/toushin/attach/1420140.htm
　　 （2024年9月22日取得）。
＊2　ベネッセ教育研究所「第5回幼児の生活アンケート」第2章「母親の教育・子育てに関する意識」2016年
　　 https://berd.benesse.jp/up_images/textarea/jisedai/reseach/yoji-anq_5/YOJI_chp2_P36_58.pdf （2024年9月22日取得）。

せなことだと思う」という母親は9割を超えているものの，同時に5割から6割の母親が「子どもがわずらわしくてイライラしてしまう」「子どもが将来うまく育っていくかどうか心配になる」と回答しています。子育ては楽しいと思っている反面，子どもや子育てに対する否定的な感情や，子どもの将来を心配して不安を抱いていることがわかります。

　人や地域との関わりが少なくなると，親と子どもだけで生活する時間が多くなり，「親子カプセル」や「孤育て」とよばれる状態が増えてきます。一方で，社会は高度に情報化され，ネットには膨大な情報があふれています。子育ての不安や悩みをもつ多くの親にとって，どの情報が役に立つのかわからず，ますます孤立感がつのり，情緒が不安定になることが増えているという指摘もあります。

　子どもの生活は家庭が基盤であり，家庭生活と，園や地域社会での生活が連続性を保てることが重要です。そのためにも，親が幼児期の子どもの育ちや保育について理解を深め，また園は，親の様々な思いや気持ちを受け止め，互いの思いや情報を伝え合いながら子育てを進めること，つまり，園と親との連携が求められています。子どもを中心にして，園と親，親と親，親と地域がつながりをもつ中で，親は子どもへの関わり方を学び，同じ悩みをもつ親同士で仲間意識をもち，親子が地域で活動することにつながっていくでしょう。このような日々の取り組みの中で，親が子育ての喜びや生きがいを感じられるようになれば，子どもの生活はより豊かなものになっていくのです。

　保育所保育指針等の各告示には「保護者の気持ちを受け止め，相互の信頼関係を基本に保護者の自己決定を尊重すること[*3]」「保護者の乳幼児期の教育及び保育に関する理解が深まるよう配慮する[*4]」「家庭との緊密な連携を図るようにすること。その際，情報交換の機会を設けたりするなど，保護者が，幼稚園と共に幼児を育てるという意識が高まるようにすること[*5]」などと示されています。

＊3　厚生労働省『保育所保育指針解説』フレーベル館，2018年，p. 329。
＊4　内閣府・文部科学省・厚生労働省『幼保連携型認定こども園教育・保育要領解説』フレーベル館，2018年，p. 111。
＊5　文部科学省『幼稚園教育要領解説』フレーベル館，2018年，p. 265。

家庭との連携を図る上では子育て支援の観点も欠かせませんが，実践する上では，〈親の気持ちを受け止める〉〈教育及び保育に関する理解が深まるようにする〉〈信頼関係を築く〉〈共に子どもを育てる〉などがキーワードになるでしょう。

　また，子どもの育つ場は家庭と園だけではありません。様々な人や場所，文化や伝統，自然環境を含めた地域社会が子どもの育ちを取り巻いています。園は地域の中にあり，園生活の中でも，子どもが様々な機会を通して地域に触れるような活動をもつことが，子どもの育ちをより豊かに，連続性のあるものにしていくのです。

2　「共に育てる」ための家庭との連携に向けて

1　園と家庭による情報交換

　家庭との関係を築くには，日々の様々な機会を捉え，まずは保育者から親に積極的に働きかけます。直接会って話をすることができる登降園時には，家での子どもの様子や園での様子などの情報を交換し，食事，排泄，睡眠，子どもの様子で気になることなどは連絡帳を通してやりとりすることもあります。懇談会やクラス便りなどに「気になることがあれば何でも気軽に教えてください」と事前に示すことで，親の側も気持ちを伝えやすくなります。このような日々のやりとりを積み重ねて，共に子どもをよりよく育てていく関係を徐々に築いていきます。

　しかし，時には，親に歓迎されない情報を伝えなくてはならないこともあります。次に紹介するのは，したい遊びが見つかる時期に比較的起こりやすい事例で，若手保育者が参加する研修会でも約半数の保育者が同じような経験をしたということが聞かれます。

> **エピソード1　積み木を積み上げて遊ぶ**
> 　5月上旬，幼稚園の保育室で3歳児のソウタがコルクの積み木を高く積

み上げて遊んでいました。しばらくして，その隣にコウスケがやって来て，ソウタと同じように積み上げる遊びを始めました。積み木が高くなって2つのタワーが並んでいるのですが，二人はそれぞれ別々に遊んでいます。保育者が廊下に出ようとした時に再度振り返ると，コウスケの様子がおかしいことに気付きました。ソウタがコウスケの腕を噛んでいたのです。

　家ではすべてのおもちゃを自分のものとして遊べるので，「取らないで」「やめて」などの言葉は必要ありません。この事例のソウタは，積み木を取られて嫌な気持ちを，噛むことによってコウスケに伝えました。ただ，噛むのはよくないことで，相手を悲しませて傷つけてしまいました。コウスケも，横取りしたという意識はなく，いきなり噛みつかれたことに驚くばかりです。このような場合には，保育者が率先して問題解決を図るのではなく，子どもに考えさせるようにする方が子どもの育ちにとってよいのです。なぜなら，善悪の判断や言葉の重要性などを子どもなりに学ぶ機会になるからです。

　保育者が「痛かったね」とコウスケの心情に共感する姿勢によって，ソウタは自分が噛んだのはよくなかったのだと気付けます。同時に，ソウタの「取られたのが嫌だった」「自分が後で使おうと思っていた」という思いをコウスケに伝え，コウスケからは「横から取ったのはよくなかった」「使っていないと思った」「噛まれて痛かった」などの言葉を引き出し，保育者が間に入って子ども同士で納得のいくまで話し合いをしていきます。そうした上で，子ども同士でやりとりした事実を伝えれば，親の理解が得られることが多いものです。また，その後の様子を親に伝えていくことも重要です。最初は別々に遊んでいた二人が，その後は一緒にタワーを積み上げることを楽しむようになりました。積み木が倒れても顔を見合わせて笑い合い，さらに積み上げて遊ぶことをくり返すようになりました。このような遊びや子ども同士の関わりの変化を親に伝えることにより，日々の遊びや生活を通して子どもが育つのを感じられるようになるでしょう。

　また，これらの遊びによって子どもに育つものは，「道徳性・規範意識の芽生え」「言葉による伝え合い」だけではなく，「協同性」「思考力の芽生え」な

どの「幼児期の終わりまでに育ってほしい姿」にもつながっていきます。そういったことも機会を捉えて伝えられるとよいでしょう。

　一方で，これらの出来事を通して，積み木の数が足らないのではないか，遊びのスペースをもう少し広くとっておくべきだったのではないかなど，保育者自身が日々の保育を省察することももちろん重要です。

2　子どもの育ちを写真で伝える

　親との情報交換は，登降園時や，個人面談，クラス懇談など直接顔を合わせて行う場合や，クラス便りや園便り，連絡帳などの文字情報で伝える場合などがありますが，写真を使って子どもの育ちを伝える方法もあります。

　エピソード1の場合も，最初は親に直接会って話をすることや電話でのやりとりなどが必要ですが，その後の子どもの様子がどのようであるかを伝えるには，子ども同士が積み木を高くして遊んでいる実際の様子を写真に撮って伝えることが役に立ちます。

　WORK の写真中央の子どもは，ダンゴムシがいる場所を見つけてカップに集め，写真左側の子どもにその場所を教えています。この子どもは少し前まで登園時に親と離れられず泣いていることが多く，親は心配していました。ところがダンゴムシに興味を示した翌日から，親とすんなり "バイバイ" できるようになりました。このような写真を用いてその後の姿を視覚的に伝えていく中で，親も安心し，保育者との信頼関係を築いていくことができました。

　さらに，写真だけでなく，その前後のエピソードを保育者が文章化して写真とともに発信することで，子どもがどのような経験を積み重ねているのか，どのような育ちがあるのかなど，子ども理解も進みやすくなります。この方法は，従来，クラス便りなどでも行われてきていましたが，最近ではドキュメンテーションと呼ばれ，多くの園で取り入れられています。発信の方法も，保育室や玄関前に掲示する，クラス便りとして配布するだけでなく，ホームページやブログ，アプリなど ICT を活用した取り組みも盛んに行われています。さらに，親のコメント欄を設ける，玄関に意見箱を置く，付箋を貼れるようにするなど，

親からの返信を受けながら双方で子どもの情報を共有することや，懇談会など
で協議の題材にすることなどによって，親が園の教育や保育に対する理解を深
め，園と共に子どもを育てる意識を高める機会にもなります。

3 どのような写真を撮るのがよいのか

　日々の保育は，保育者の意図と子どもの主体が絡み合いながら展開していま
す。その中で，時折，保育者が子どもの姿を見てハッとさせられることがあり
ます。それはどのような時かを振り返ってみると，子どもの遊びの姿が保育者
の予想を上回っている瞬間であることが多いです。そのような保育者の予想を
超える遊びの姿というのは，まさに，子どもの主体的活動そのものになってい
ます。

　また，「この瞬間を撮っておいてよかった」とあとになって思えてくる写真
があります。それは，子どもの心が動く瞬間を捉えた写真です。その後の遊び
の展開を追っていけば，どのように遊びが始まってどのように終わるかのプロ
セスを写真でつなぐことができます。そのような，1日で終わらず，子ども同
士が協同して数日間継続して展開する遊びは，幼児期の終わりまでに育ってほ
しい姿に直結していく学びの連続性を伝える記録になります。

　保育者がハッとさせられるというのは直感で，そうした感覚は，実践を積み
重ねることで養われます。さらに，園のカリキュラムに示される子どもの発達
の節目を見極め，その姿を写真に撮って発信すれば，園の教育や保育，発達の
道筋などについて親が理解しやすくなります。

4 劇遊びのプロセスを伝えた事例

　発表会という園行事を通じて，子どもの心の動きや実際の姿を写真に撮り，
親に発信し続けたことで，園と家庭とが「幼児期の終わりまでに育ってほしい
姿」を目に見える育ちの姿として共有できた幼稚園の事例を紹介します。

エピソード2　「とりのくちばしはどんなかたち？」

　5歳児12月の発表会では，鳥を題材とした劇遊びをすることになりました。子どもは早速，どんな鳥がいるのかを園の図鑑で調べ，さらに家でも調べて持ち寄ろうと話し合っていました。保育者は，そうした子どもの姿を写真入りの学年便りで親に伝えました。翌日以降，子どもがかいた鳥の名前（一生懸命カタカナでかいているものもありました）やイラスト，親子で調べたインターネット画像などの情報が集まり，保育者はそれらを掲示版に貼りました。最終的に集まったおよそ30種類の情報をもとに，9グループ15種類の鳥に決まりました。それぞれの鳥の衣装は写真を見ながら本物に似せて作ろうとします。ここで，ニワトリ役の子どもがくちばしのところで悩み始めました。黄色の工作用紙を三角形に切って貼り付けたものの，「これじゃあニワトリのくちばしにならない」と言うのです。くちばしを平面でなく立体にしたいようです。友達同士で考えた後に保育者も加わって，ようやく三角柱のくちばしができました。その後，ニワトリ役の子どもは他の鳥を作っている子どもにも作り方を教えて，そのくちばしの形が広がりました（写真9-1，前列向かって左がフクロウ，右がニワトリ）。その後も，劇遊びに必要な様々な衣装や道具が次々に作られていきました。

　保育者は，劇遊びのプロセスに見られる学びの瞬間を捉えて，写真にエピソードを付けて親に伝えました。発表会終了後も，役を交代し合って遊ぶ様子がしばらく続いたことから，この劇遊びが子ども主体の活動になっていたことが保育者にも実感できました。また，劇遊びのプロセスの中での子どもの育ちに関して親からも多くの感想が寄せられました（写真9-2）。

写真9-1　子どもが作った鳥の
　　　　衣装

写真9-2　ニワトリとフクロウによる鳥の紹介

3　家庭との連携から地域との連携へ

　ここからは，子どもにとって最小の社会である家庭から，より大きな社会である地域に視点を広げて，連携のあり方を考えます。

1　子どもの保育における家庭や地域との連携事例

　幼稚園教育要領に「地域の資源を積極的に活用し，幼児が豊かな生活体験を得られるように工夫すること[＊6]」と示される通り，保育者は園生活において，地域との関わりが必要になる場面を意識的に構想します。たとえば，カレーライスを作る場合に保育者が材料をすべて用意するのではなく，何が何個いるのかを子どもと考えて，必要な材料を店に買いに行く，製作活動に使う木切れや木の実や葉や石などを公園や河原に集めに行く，水族館や動物園の見学，山登り，海で遊ぶ経験などをもとに劇遊びにする，などの工夫をしています。ここでは親や地域の人の協力によって，子どもの遊びが実現できた事例を紹介します。

> ### エピソード3　地域の様々な資源がつながる
>
> 　5歳児が9月，釘や木材，金槌，釘抜きなどを使って木工遊びを始めま

＊6　文部科学省『幼稚園教育要領解説』フレーベル館，2018年，p. 133。

した。その様子は参観日や学年便りなどで親に伝えていました。11月になると，机や椅子，看板，レジなどのごっこ遊びに必要な道具も木材で作ろうとし始めました。これまでにも遊びに必要となる材料は，家庭に依頼すれば十分集まっていましたが，木の場合は少量のかまぼこ板が集まるくらいでした。保育者は地域の木材所を回ってみましたが，思うように集まりません。そうした中，地域で建築関係の仕事をしている園児の親が名乗り出てくれ，その親から釘の打ちやすい大量の木が園に届けられ，さらに木の切断やヤスリがけも手伝ってもらえました。その他にも地域の人から家を解体して不要になった木があると情報が寄せられ，様々な形の木が手に入りました。このような地域の協力によって，遊びの道具を木で作りたい思いが実現されました。

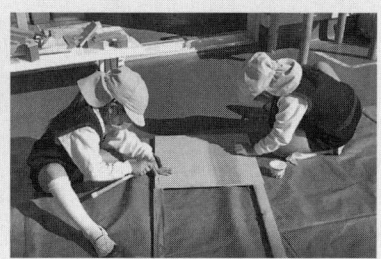

2　親の積極的参加から地域に広がっていく事例

　家庭との連携は，担任保育者だけでなく，園組織として様々な連携の形を模索することができます。

> **エピソード4　親同士のつながりを支える**
>
> 　幼稚園では親が自由に参加できる子育てサロンとして，親の不安や悩みを語り合う「しゃべり場」，未就園児の遊びの場で親同士が交流する「あそび場」，写真や動画によって園のカリキュラムや子ども理解を深める「まなび場」などを副園長が中心となって定期的に開催していました。在

園児の親だけでなく卒園児の親も参加していて，「子育ては親の思い通りにはいかない」「早期に知的教育を行うのはどうなのか」などについて，先輩の意見や体験談，苦労話を後輩の親が直接聞ける場になっていました。サロンが仲間作りのきっかけとなり，ハンドメイドや陶芸，ヨガ，ゴスペルなどの活動につながっていきました。園児や親に歌を披露していたゴスペル部は，地域の公民館やモールなどからの公演依頼を受け，活動の場を地域に広げていきました。

3　地域で共に育てる関係へ

　地域には様々な人材や場所があり，それらを活用することによって地域との連携が大きくふくらむことがあります。ここでは，園を拠点とし，アート活動に携わる人たちと，地域で子どもを共に育てる試みを行った事例を紹介します。

エピソード5　園から地域へ

　当初は，幼稚園を拠点にして遊戯室の天井にトイレットペーパーを吊り下げて遊ぶ（写真9‐3），テントを作って遊ぶワークショップなどを行っていました。やがて，美術館や里山や島やカフェなど，地域の様々な場所に活動拠点が広がりました。

　地域のNPO法人と共催して，地域の寺を借りて，子どもの有無にかかわらず地域の人であれば誰でも参加できるワークショップを開催し，どこの家にもあるトイレットペーパーや缶詰で遊んだ後，2000個の紙コップで遊びました（写真9‐4）。紙コップを逆さにして大きなピラミッドを作ろうと高く積み上げる遊びが多く展開される中で，紙コップをただひたすら

重ねていくだけの遊びをしていました。重ねた紙コップが高くなると子ど
もの手だけでとても支えきれず，大人が手伝って支えて重ねていくうちに
長くなり，大人が複数で支えないといけないほど，まるでヘビのようにグ
ネグネと動くような長さになって遊ぶ予想外の展開になりました（写真9
-5）。

　このワークショップのねらいは，遊びの重要性について，大人も子どもと同
じように遊びに夢中になる体験を通して気付くことでしたが，それ以上の効果
がありました。それは顔見知りではなかった地域の人同士の交流が生まれ，遊
びを通して子どもと大人が自然に1つの目的に向かって実現する喜びを味わう
機会になったことです。

　子どもによりよく育ってほし
いと願うのは，園と家庭だけで
なく，地域も同じです。子ども
自身が生まれ育った地域を好き
になり，将来的にその地域をよ
りよくしていこうと考えるよう
になることは，生涯教育の観点
からも重要なことです。そうい
う意味において，園に求められ

写真9-3　遊戯室で行った地域の親子向けワー
　　　　　クショップ

写真9-4　どこの家にもある白いものを
　　　　　積み上げる

写真9-5　紙コップが大蛇のように変化

ている家庭や地域との連携に関する役割は，今後ますます重要になり，また大きな可能性があると考えられます。その第一歩として，一人一人の保育者が，親の気持ちを受け止め，信頼関係を築いていくことが大切です。

 まとめ

　社会の変化に伴い，子どもの育つ姿や子育ても変化し，様々な課題が指摘されています。そのような中，子どもがよりよく育つことができるよう，園には家庭と「連携」し，親の気持ちを受け止めながら，共に子育てをしていく関係を築くことが求められています。そのためには，日々の様々な機会を捉え，園と家庭が子どもの育ちに関する情報交換をし，子どもの発達や保育についての理解を深めることが重要です。この章では，写真を活用して保護者の理解を深める方法を紹介しました。子どもを中心にして園と家庭が連携することで，その活動が地域に広がっていくこともあります。

 さらに学びたい人のために

○柏木惠子『子どもが育つ条件——家族心理学から考える』岩波書店，2008年。
　　親が子どもを育てるという一方向だけでなく，子どもを育てることを通して親自身も育つという双方向，相互作用の視点から，親と子どもが育ち合う関係を築くことへのヒントを与えてくれます。子育て支援を行う手立ての参考になります。

○大豆生田啓友・おおえだけいこ（編著）『日本版保育ドキュメンテーションのすすめ——「子どもはかわいいだけじゃない！」をシェアする写真つき記録』小学館，2020年。
　　この本を読めば，自分のために保育ドキュメンテーションを作りたくなるでしょう。保育者による実例が多く掲載され，作成上のポイントや専門的な内容が親しみやすいイラスト入りでわかりやすく解説されています。

第 10 章

事例で学ぶ
小学校との接続

- 幼児期の教育と小学校教育をつなぐことがなぜ大切なのかを考える。
- 「幼児期の終わりまでに育ってほしい姿」の共有について学ぶ。
- 小学校のスタートカリキュラムの授業の実践について学ぶ。

園と小学校の活動の共通点や相違点について考えよう

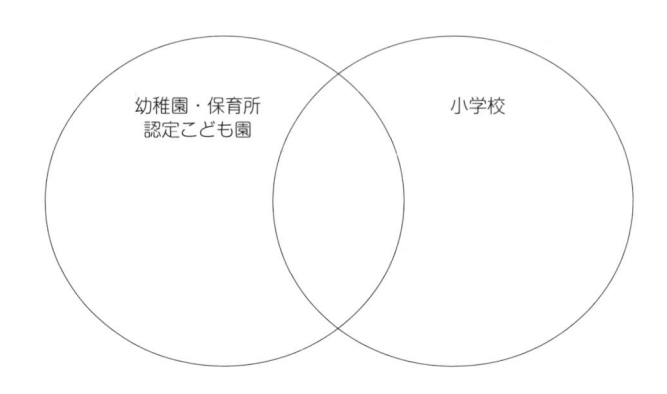

① 幼稚園，保育所，認定こども園だけに見られる活動を左側に，小学校だけに見られる活動を右側に書いてみましょう。園でも学校でも共通して見られる活動を真ん中の重なる部分に書きましょう（3分）。

② グループ内で自分の考えを発表し合い，園と小学校で見られる活動の共通点や相違点についてまとめてみましょう（15分）。

③ ②で出てきた意見やまとめた図を他のグループの人に発表し，考えを交流しましょう（10分）。

● 導　入 ● ● ● ● ● ● ●

　冒頭の WORK をやってみて，どんなことを感じたでしょうか。真ん中の部分に入る活動が意外に多いと思いませんでしたか。たとえば，当番，縦割り，集団生活，飼育・栽培，造形，給食，避難訓練，歌，朝の会，遠足，運動会，発表会，読み聞かせ，相談，話し合いなどが考えられます。

　このように，小学校での活動の中には，園で経験したものがたくさんあります。子どもたちが園や家庭で培ってきた力を土台として，小学校でさらに伸ばしていく，「小学校入学は，ゼロからのスタートではない」という発想の転換が求められています。

　この章では，幼児期の教育と小学校教育との学びの共通点や相違点について学び，子どもの学びをどのように幼児期の教育から小学校教育につなげていったらよいのかについて，スタートカリキュラムを切り口に考えていきます。

● ● ● ● ● ● ● ● ●

1　幼児期の教育と小学校教育をつなぐことがなぜ大切なのか

　なぜ，幼児期の教育と小学校教育をつなぐことが大切なのでしょうか。

　それは，長い目で見て子どもの育ちを実現するためです。子どもの育ちは，続いていきます。そして，それぞれ個人差もあります。長い目で見ることで，その子どものペースに合わせて，成長を見守り，支援することができるのです。

　また，幼児期の教育が，その後の学校教育，さらに大人になってからの活動の基盤を作るからともいえます。昨今，幼児期で培った非認知能力や学びに向かう力は，その後の子どもの将来にも大きく影響するといわれています。幼児期の教育と小学校教育の成果をつなぎ，連動してこそ生涯にわたる教育の基礎が培われます。そのためには，幼児期の教育と小学校教育の各々の充実が要であり，お互いの理解が欠かせないのです。

　幼児期の教育を学んでいるみなさんが，小学校教育について，特に 1 年生のスタートカリキュラムについて学ぶことが重要なことがわかったでしょうか。

　それでは，いよいよ 1 年生のスタートカリキュラムについて見ていきましょう。

2 スタートカリキュラムとは

■1 低学年教育の充実

2017（平成29）年の学習指導要領等での改訂では，これまで以上に低学年教育の充実が求められています。

心と体を一体的に働かせて学ぶ低学年の特性から，幼児期における遊びを通した総合的な学びを生かし，具体的な活動や体験を通して感性を豊かに働かせるとともに，身近な出来事から気付きを得て考えるなど，中学年以降の学習の素地を形成していくことが重要です。

小学校学習指導要領総則第1章第2の4において，「教育課程の編成に当たっては，次の事項に配慮しながら，学校段階等間の接続を図るものとする」として以下のように書かれています[*1]（下線は筆者）。

> 幼児期の終わりまでに育ってほしい姿を踏まえた指導を工夫することにより，幼稚園教育要領等に基づく幼児期の教育を通して育まれた資質・能力を踏まえて教育活動を実施し，児童が主体的に自己を発揮しながら学びに向かうことが可能となるようにすること。
>
> また，低学年における教育全体において，例えば生活科において育成する自立し生活を豊かにしていくための資質・能力が，他教科等の学習においても生かされるようにするなど，教科等間の関連を積極的に図り，幼児期の教育及び中学年以降の教育との円滑な接続が図られるよう工夫すること。特に，小学校入学当初においては，幼児期において自発的な活動としての遊びを通して育まれてきたことが，各教科等における学習に円滑に接続されるよう，生活科を中心に，合科的・関連的な指導や弾力的な時間割の設定など，指導の工夫や指導計画の作成を行うこと。

---

*1 文部科学省「小学校学習指導要領解説　総則編」（2017年）第3章「教育課程の編成及び実施」第2節「教育課程の編成」4「学校段階等間の接続」。

　学習指導要領の総則にスタートカリキュラムについて書かれたことは，特筆すべきことです。日本全国の全ての小学校で，スタートカリキュラムに取り組むことになったということだからです。①「幼児期の終わりまでに育ってほしい姿」を踏まえた指導を工夫すること，②生活科を中心とした合科的・関連的な指導，③弾力的な時間割の設定という 3 つのことを大切にしてスタートカリキュラムに取り組むことが求められています。

2　幼児期の終わりまでに育ってほしい姿を踏まえた指導を工夫する

①幼児期の終わりまでに育ってほしい姿とは

　「幼児期の終わりまでに育ってほしい姿[*2]」とは，幼稚園教育要領等のねらい及び内容に基づいて，各園で，幼児期にふさわしい遊びや生活を積み重ねることにより，幼児期の教育において育みたい資質・能力が育まれてきた幼児の具体的な姿であり，特に 5 歳児後半に見られるようになる姿です。保育者は，遊びの中で幼児が発達していく姿を「幼児期の終わりまでに育ってほしい姿」を念頭に置いて捉え，一人一人の発達に必要な体験が得られるような状況をつくったり必要な援助を行ったりするなど，指導を行う際に考慮することが求められます。実際の指導では，「幼児期の終わりまでに育ってほしい姿」が到達すべき目標ではないことや個別に取り出されて指導されるものではないことに十分留意する必要があります。もとより，幼児期の教育は環境を通して行うものであり，とりわけ幼児の自発的な活動としての遊びを通して，一人一人の発達の特性に応じて，これらの姿が育っていくものであり，全ての幼児に同じように見られるものではないことに留意する必要があります。

　さらに小学校の教職員と「幼児期の終わりまでに育ってほしい姿」を手掛かりに子どもの姿を共有するなど，幼児期の教育と小学校教育の円滑な接続を図ることが大切です。

　無藤隆は，「幼児期の終わりまでに育ってほしい姿」の読み取りのためには，

＊2　文部科学省「幼稚園教育要領解説」（2018年）第 1 章「総説」第 2 節「幼稚園教育において育みたい資質・能力及び『幼児期の終わりまでに育ってほしい姿』」。

表10-1　幼児期の終わりまでに育ってほしい姿

(1)　健康な心と体：
　幼稚園生活の中で，充実感をもって自分のやりたいことに向かって心と体を十分に働かせ，見通しをもって行動し，自ら健康で安全な生活をつくり出すようになる。
(2)　自立心：
　身近な環境に主体的に関わり様々な活動を楽しむ中で，しなければならないことを自覚し，自分の力で行うために考えたり，工夫したりしながら，諦めずにやり遂げることで達成感を味わい，自信をもって行動するようになる。
(3)　協同性：
　友達と関わる中で，互いの思いや考えなどを「共有」し，共通の目的の実現に向けて，考えたり，工夫したり，協力したりし，充実感をもってやり遂げるようになる。
(4)　道徳性・規範意識の芽生え：
　友達と様々な体験を重ねる中で，してよいことや悪いことが分かり，自分の行動を振り返ったり，友達の気持ちに共感したりし，相手の立場に立って行動するようになる。また，きまりを守る必要性が分かり，自分の気持ちを調整し，友達と折り合いを付けながら，きまりをつくったり，守ったりするようになる。
(5)　社会生活との関わり：
　家族を大切にしようとする気持ちをもつとともに，地域の身近な人と触れ合う中で，人との様々な関わり方に気付き，相手の気持ちを考えて関わり，自分が役に立つ喜びを感じ，地域に親しみをもつようになる。また，幼稚園内外の様々な環境に関わる中で，遊びや生活に必要な情報を取り入れ，情報に基づき判断したり，情報を伝え合ったり，活用したりするなど，情報を役立てながら活動するようになるとともに，公共の施設を大切に利用するなどして，社会とのつながりなどを意識するようになる。
(6)　思考力の芽生え：
　身近な事象に積極的に関わる中で，物の性質や仕組みなどを感じ取ったり，気付いたりし，考えたり，予想したり，工夫したりするなど，多様な関わりを楽しむようになる。また，友達の様々な考えに触れる中で，自分と異なる考えがあることに気付き，自ら判断したり，考え直したりするなど，新しい考えを生み出す喜びを味わいながら，自分の考えをよりよいものにするようになる。
(7)　自然との関わり・生命尊重：
　自然に触れて感動する体験を通して，自然の変化などを感じ取り，好奇心や探究心をもって考え言葉などで表現しながら，身近な事象への関心が高まるとともに，自然への愛情や畏敬の念をもつようになる。また，身近な動植物に心を動かされる中で，生命の不思議さや尊さに気付き，身近な動植物への接し方を考え，命あるものとしていたわり，大切にする気持ちをもって関わるようになる。
(8)　数量や図形，標識や文字などへの関心・感覚：
　遊びや生活の中で，数量や図形，標識や文字などに親しむ体験を重ねたり，標識や文字の役割に気付いたり，自らの必要感に基づきこれらを活用し，興味や関心，感覚をもつようになる。
(9)　言葉による伝え合い：
　先生や友達と心を通わせる中で，絵本や物語などに親しみながら，豊かな言葉や表現を身に付け，経験したことや考えたことなどを言葉で伝えたり，相手の話を注意して聞いたりし，言葉による伝え合いを楽しむようになる。
(10)　豊かな感性と表現：
　心を動かす出来事などに触れ感性を働かせる中で，様々な素材の特徴や表現の仕方などに気付き，感じたことや考えたことを自分で表現したり，友達同士で表現する過程を楽しんだりし，表現する喜びを味わい，意欲をもつようになる。

出所：無藤隆「『幼児期の終わりまでに育ってほしい姿』の読み取りのために」（2017年11月18日講演会資料）。

その独自な強調点をとらえることが重要だと述べています[*3]。表10 - 1に10の姿を紹介しますが，下線で示したあたりがその特徴を特に表すと言われています。たとえば，単に健康な生活であればよいのではなく，充実感があり，やりたいことに向かっており，心身を十分に働かせ，見通しがあり，自ら健康で安全な生活をつくり出すようになるということです。

②「幼児期の終わりまでに育ってほしい姿」を共有する

幼児期の終わりまでに育ってほしい姿を踏まえた指導を工夫するために，幼児の発達や学びの姿を把握しておくことが求められています。

保育者と小学校の教職員の意見交換や合同の研究の機会を設けて，「幼児期の終わりまでに育ってほしい姿」を共有することを通して，幼児期から児童期への発達の流れを理解することができます。それは，先に述べた子どもの発達を長い目でとらえ，互いの教育内容や指導方法の違いや共通点について理解を深めることにもつながります。

2つの事例で考えてみましょう。

エピソード1　「幼児期の終わりまでに育ってほしい姿」を共有する保育参観・研修会[*4]

夏季休業期間を利用して，近隣の小学校の教職員と保育所の保育者で保育参観・研修会を実施しました。

保育参観の際に「幼児期の終わりまでに育ってほしい姿」が表れていると感じた場面を付箋に書き，その後グループで意見交換をしました。

＊3　無藤隆「『幼児期の終わりまでに育ってほしい姿』の読み取りのために」（2017年11月18日講演会資料）。

＊4　文部科学省国立教育政策研究所教育課程研究センター（編著）『発達や学びをつなぐスタートカリキュラム——スタートカリキュラム導入・実践の手引き』学事出版，2018年，pp. 62-63。

（小学校の教職員から出た意見）

- 「10の姿」を共有しながら，その姿が表れるためには，先生方の言葉かけや環境構成など指導の積み重ねが大切であることを改めて感じました。
- 幼児の発達段階の魅力的な部分・特徴が活動の中に生かされていました。穏やかな生活の中にも一つ一つの活動に多くの学びがあり，成長がつながっているのだと感じるとともに小学校就学前の関わりの大事さを学びました。
- 園では遊びの中に気付きや思いをもてるように工夫していることが分かりました。幼児ができることやもっている力を理解した上で，1年生の指導を行うことの大切さを学びました。

（園の保育者から出た意見）

- 子供の様々な行動，発言，関わり合いなどが「10の姿」のどの部分に入るだろうか，と考えていく作業によって私たちが支え伸ばしていきたい方向性も個々に見えてくると感じました。
- 小学校の先生方との関わりでたくさんのお話ができ，新しい発見をすることもできたのでよい機会になりました。子供たちの姿は「10の姿」のどこか一つに属するのではなく，いくつも重なり合っていることを再認識しました。
- 遊びの中で学んでいるということを小学校の先生に理解していただけてうれしいです。成果物を園に掲示し，保護者にも見ていただこうと思います。

エピソード2　一人一人に応じた支援をする[*5]

　私が，横浜市こども青少年局の幼保小連携担当として，各学校や園を回っていた時に出会った忘れられない光景があります。

　「秋の落ち葉で遊ぼう」というテーマで，幼稚園の年長児と1年生が活動していた時のことです。小学校の先生が全体を進めるT1をやり，年長の担任は，集団全体を見ながら，支援が必要な子どもを支援したり，活動

＊5　寶來生志子「リレー論説『学びをつむぐ生活・総合の授業の創造』に寄せて」『生活科の探究』115（秋季号），2018年，pp. 4-5より。

を補助したりする T2T3 をやっていました。

「みなさん，落ち葉を 3 枚拾ったら，体育館に集まりましょう」

小学校の先生の呼びかけで，みんなは，落ち葉を 3 枚拾い，体育館に向かっていきました。そんな中，Aさんは動こうとしません。落ち葉をたくさん集めてベッドをつくり，そこに目をつぶって寝転んでいるのです。

小学校の先生が，「Aさん，落ち葉を 3 枚拾ってね。早く体育館に行こうよ」と呼びかけたのですが，知らんふり。かぶっていた赤白帽を顔にかけ，寝転んだままです。小学校の先生が困っていると，Aさんの担任の先生が，先に行ってくださいと目で合図しました。そして，こう声をかけたのです。

「Aさん，気持ちよさそうだね。目が覚めたらさ，超特急で落ち葉を 3 枚拾って，体育館に来てね。待っているからね」

そして，その場からそっと離れて，Aさんを見守っていました。Aさんは，30秒ほどじっとしていましたが，周りが静かになったことを感じたのか伸びをしながら起き上がり，すばやく落ち葉を 3 枚拾って体育館を目指して走り始めました。ゆっくり歩いていた友達を抜かしてしまうほどでした。

活動後，Aさんの担任の先生に話を聞きました。Aさんは，気持ちの切り替えがなかなかできないことがあるので，Aさんの気持ちに寄り添っていつも声かけしているとおっしゃっていました。私は，感激して話しかけたのですが，いつもやっていることだからと，感激していることにびっくりされていました。

Aさんは，「気持ちよさそうだね」と先生が共感してくれたからすぐに気持ちを切り替えられたのだと思いました。私が T1 だったら，一緒に体育館に行こうと手をつないで，無理やり起こしてしまったかもしれません。一人一人に応じた支援をする。子どもの側に立って，声をかける。大切なことを教えていただきました。

エピソード 1 では，小学校の教職員が遊びの中で学んでいることを実感できたこと，園の保育者が自分たちの保育が理解されたと感じられたこと，両方にとって意味のある場だったと言えます。また，同じ子どもの姿を見ていても，

各々が別の「10の姿」を思い浮かべていることもわかりました。小学校の教職員と意見交換することで，保育者の子どもの見方の幅が広がっていきました。

エピソード2では，園で大切にしている一人一人に応じた支援をすることの重要性を改めて感じました。子どもは，一人一人顔が違うように，考えていることも家庭環境も違います。一斉指導に重きを置くことが多くなりがちな小学校の教職員にとって，一人一人に応じた支援を大切にすることは，意識的に取り組まなければならないことだと考えます。

小学校の教職員にとって，園の先生の言葉かけや支援の方法を実際に見て学ぶことがとても大切です。このことは，「幼児期の終わりまでに育ってほしい姿」を踏まえた指導に直結します。そのためにも，園の保育者と小学校の教職員との意見交換や合同の研究の機会を設けることが求められているのです。

③アプローチカリキュラムと「幼児期の終わりまでに育ってほしい姿」

横浜市では，小学校への接続を意識した，年長児後半のカリキュラムをアプローチカリキュラムとよび，取組の充実を図ってきました。[*6] アプローチカリキュラムは，「幼児期の終わりまでに育ってほしい姿」を手がかりとしながら，幼児期にふさわしい生活を通して，この時期ならではの資質・能力を育み，小学校の生活や学びにつながるように工夫されたカリキュラムです。小学校への適応を目的にして，知識や技能を一方的に教え込むことではありません。アプローチカリキュラムで育てたい子どもの姿は，「幼児期の終わりまでに育ってほしい姿」そのものです。

アプローチカリキュラムで大切にしたい活動の柱は，①学びの芽生えを大切にした活動の充実，②協同的な遊びや体験の充実，③自立心を高め新しい生活をつくり，安心して就学を迎えられる活動の充実の3つです。

各園で作成する年長児の指導計画は，園の方針や地域，施設，園児の実態により当然違いますが，指針・要領で示された「幼児期の終わりまでに育ってほしい姿」を参考にしながら，小学校との円滑な接続を意識したカリキュラムになっているか，見直すことが大切です。

＊6　横浜市こども青年局・横浜市教育委員会『横浜版接続期カリキュラム（平成29年度版）──育ちと学びをつなぐ』2018年，p. 37。

3 スタートカリキュラムの授業実践について学ぶ

　スタートカリキュラムとは，小学校へ入学した子どもが幼稚園・保育所・認定こども園などの遊びや生活を通した学びと育ちを基礎として，主体的に自己を発揮し，新しい学校を創り出していくためのカリキュラム[*7]です。

　子どもが主語のカリキュラムです。現行の学習指導要領の根幹にある「学習する子どもの視点に立つ」というコンセプトと合致しています。

　今までのスタートカリキュラムは，「小１プロブレム」などの問題の対応，対策として「学習生活への適応」が目的になっていることもあったかもしれません。これからのスタートカリキュラムは，幼児期の遊びや生活を通してたっぷりと学んできた子どもたちが，主体的に自己を発揮しながら学びに向かうことが可能となるようにすることが求められています。

　では，学びに向かう力を育てるには，どうしたらよいのでしょうか。

■1■　手応え感覚を大切にする

　次ページの表10-2をご覧ください。

　価値ある体験を通して，４つの手応え感覚が生まれます（表10-2）。これは，心理学では「ポジティブ感情」と呼ばれています。それが，次への行動の意欲となる。それを何度も経験することで安定して，態度になる。そうして，少々大変なことがあっても乗り越えていこうというような「学びに向かう力」となるというものです。

　子どもたちは，これまでに，家庭・地域，園での生活や遊びの中で，価値ある体験を通して，学びに向かう力を育んできています。スタートカリキュラムは，もちろん，学校生活全体で，価値ある体験をたくさん用意して，手応え感覚をつかむようにしています。

＊7　文部科学省国立教育政策研究所教育課程研究センター（編著）『スタートカリキュラムスタートブック』2015年，p. 2。

・価値ある体験を通して
⇒気づき・手応え感覚
　①充実感「すがすがしい」「気持ちいい」などの言葉にならない満たされた感覚，②～④を
　　支える
　②達成感「なるほど」「わかった」「できた」「できそうだ」などを支える感覚
　③自己有能感「少しは成長したかな」「前よりもうまくいったぞ」などと自己の成長を実感
　　する感覚
　④一体感「一緒でよかった」「みんながいたから」「みんなでやると楽しい」などの協同的
　　に学ぶ価値を実感する感覚
⇒次への行動の意欲
　　何度も経験することで安定する⇒態度
　　　　　学びに向かう力

出所：田村学の講演（こども青少年局接続期研修会「育ちと学びをつなぐ幼保小連携」2015年）より
　　　筆者作成。

　ここでは，入学してから2日目の子どもたちの授業の様子から，手応え感覚
をどのようにつかんでいくか見ていきましょう。

エピソード3　子どものはてなから始まった学校探検

　「子どもの疑問や不思議・驚きを生活科の学習のきっかけにしたい」，こ
うした思いから，スタートカリキュラムに取り組みました。特に，学校探
検では子どもたちがくらしている教室から同心円状に行動範囲を広げてい
く形にしたいと考えました。
　クラスの教室の窓から見えるプールに興味をもった子どもたちがプール
の深さを調べたいと思いました。それで，プールを作った人に聞いてみれ
ばわかるとか，プールの水を抜きたいとか，そういう意見が出ました。
　子どもたちは，勝手にやってはいけないと言い出して，校長先生に聞い
てみたいということになったのです。
　それで，筆者がたまたま1年の教室のほうに歩いていて出会いました。
　「らっこ先生，プールを作った人いますか？」
　ちなみにらっこ先生というのは，私のニックネームです。
　「プールを作った人？　どうしてそう思ったの？」
　「プールの深さを知りたいんです」
　「深さを知りたいんだったら，プールを作った人に聞かないとわからな

いかな？　違う方法ないかな？　みんなだったら考えられると私は思うよ」

「あっ！　1年1組の扉のところについているあれではかるのはどうだろう？」

Bさんがひらめいたのです。黒板に貼って使う教師用の定規を持ってきました。

「いいアイデアだね。深さがわかったら，らっこ先生にも教えてね」と言って，みんなを送り出しました。

子どもたちは，すぐにプールに行きました。

「落ちないように見る方法を考えてね」

と投げかけたら，腹ばいのポーズをした子がいました。

「それいいアイデアだね」と言ったら，全員腹ばいになって，だれもプールに落ちませんでした。

そのあと，90センチの深さがわかった子どもたちでしたが，また，Bさんが面白いことをやりはじめました。クラスの友達に並んでもらって「入れる」「入れる」「ちょっと待って，もう一回測る。大丈夫」と許可を出し始めたのです。

多分，これは，ジェットコースターの前にある身長制限のイメージで入れる，入れないと言ったのではないかと思います。

子どもたちは，今までの経験を総動員して考えているのだなと改めて思いました。そして，この学校探検から算数の長さの学習につなげることができました。まさに，生活科を中心とした合科的・関連的な学習と言えます。

子ども自身が興味・関心をもっているとき，その子の最大限の力が発揮されると聞いたことがあります。園でも学校でも，子どもたちの興味・関心を引き出すようにして，やりたいと思う活動を見極め，子どもとの時間を楽しんでいくことが大切だと考えます。

エピソード3を読んで，みなさんが感じた「学びに向かう力」の手応え感覚について，グループで話し合ってみてください。

さて，どんな話題が出たでしょうか。筆者は，次のように考えました。

写真10 - 1　腹ばいになる子どもたち　　　写真10 - 2　「プールに入れるかな？」

　まず，①充実感です。入学2日目にして，安心してのびのびと語っています。「昨日も，はてなを解決できたから今日もきっとできるよ！」。こんなふうに，自信をもつことができたのだと思います。

　続いて，②達成感です。「らっこ先生から OK をもらえたよ。早く測りに行きたいな」。今まさに実現できそうな瞬間の満足そうな顔でした。輝いていました。

　次に，③自己有能感です。「定規を使うっていいアイデアでしょ。ぼくのアイデアで解決できそうだ」。仲間から認められた得意気な表情。大きな自信につながりました。

　最後に，④一体感です。「みんなで考えていたらわくわくしてきた。早くプール行ってみよう」。一人のはてながみんなのはてなになり，嬉しそうにプールに向かいました。

　このように，価値ある体験を通して，気付きが生まれ，手応え感覚が育まれていくのです。

2　安心して自己発揮できる環境構成やわくわく感を大切にする

　なぜ，入学式2日目からエピソード3のような姿が見られたのでしょうか。それは，入学1日目から安心して自己発揮できるような言葉がけ，環境構成を大切にしたからです。安心感は，主体的な態度を促し，自覚的な学びへとつな

がります。

　入学式後の事例を見てみましょう。

エピソード4　入学式後の教室で

　わくわく感は普段の生活の何気ないひとコマから生まれます。入学式後の教室でのことです。子どもたちと話した後，親御さんたちに自己紹介やこれからの説明をしました。子どもたちは予め机の中に忍ばせておいた折り紙2枚を夢中になって折っていました。完成した作品を見渡してみると，ある女の子がカメラを作っていました。担任は，「お！　カメラだ。すごいね。せっかくだから記念撮影しようか？」と思いに共感しました。

　「はい，チーズ！」

　1年1組はその子の折り紙で作ったカメラの記念写真から始まりました。入学初日から，一人のアイデアをみんなに広げられたことは，わくわく感を耕すことにつながったと思います。クラスの雰囲気がすごく温かく感じられました。保護者も「うちの子は恥ずかしがり屋なのにあんな風にみんなの前で取り上げてもらってすごく自信になった」と言っていました。

　次の日，クラスでは，折り紙が大ブームになり，もちろん「カメラの作り方教えて」と会話も生まれていました。園でやったことを総動員させて，いろいろなものを作っています。

　このとき，カリキュラム1月に予定していた「大きな紙でわっくわく」が頭に浮かびました。そこで，朝の支度が終わった後の「あそびタイム*8」に自由に使える折り紙を用意し

＊8　この小学校のスタートカリキュラムでは「あそびタイム」（友達と誘い合って自由に遊べる時間），「なかよしタイム」（安心感をもち，新しい人間関係を築いていく時間），「わくわくタイム」（生活科を中心とし，各教科等と合科・関連を図って主体的な学びをつくっていく時間），「ぐんぐんタイム」（なかよしタイムやわくわくタイム，日常生活で子どもが示した興味・関心を教科等の学習へつなげる時間）の4つの時間が設定されています。

ました。普通の折り紙，サイズの大きい折り紙，色画用紙というように紙の大きさを日々大きくしていき，最後には新聞紙を準備しました。子どもたちは大興奮。

その後，「もっと大きな紙で作りたいなぁ」という願いを図工の学習で実現することができ，ある子どもは狩人に変身していました。

「あそびタイム」を教科の学びへ生かすために，単元を動かし，戦略的な学習への流れを作りました。学習へのわくわく感を耕すことで，興味・関心を教科へ広げ，つなげることができました。

写真10-3 「教えてもらってできたよ」

写真10-4 大きな紙でわっくわく

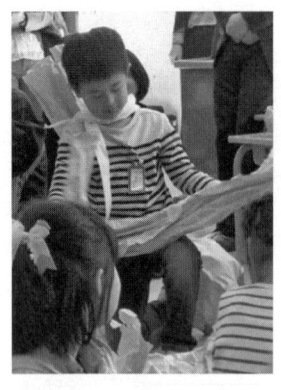

写真10-5 狩人になりきる子ども

エピソード4では，ある子が園で作ったことのある折り紙のカメラを作ったことをきっかけに活動が広がったことで，「今までの自分たちのままでいいんだ」という安心感が生まれたのではないかと考えます。そして，そこから図画工作科の学習へと学びをつなげることで，子どもたちの興味・関心を大切に主体的に学びに向かうことができました。このようにスタートカリキュラムでは，子どもたちの生活リズムや思考の流れに合った弾力的な時間割を設定することが大切です。

3 考えないスイッチが入らないような言葉をかける

「考えないスイッチが入らないようにしてね」。筆者がある園長先生から言われた言葉です。手はお膝，先生が言うことをよく聞いて従うのがいい子だと子どもが思ってしまうと，子どもたちの考えないスイッチが入ってしまいます。園では遊びの中で自分で考え，自分で行動できた子どもたちの力が小学校では出せなくなってしまうということです。

考えないスイッチが入らないようにするには，どうしたらよいでしょうか。

それには，「1年生はゼロからのスタートではない」という小学校側の発想の転換が大切です。そして，これまでの子どもたちの育ちと学びを大切にする本気の質問をするとよいです。「園では，どうだった？」「どうしたらいいと思う？」「どうしたいの？」などの言葉をかけることで，子どもたちは自分の考えを言おうとします。

筆者の勤めていた学校では，「1年生はゼロからのスタートではない」ということを全校で確認し，1年生を支えていました。

次のエピソードは，入学式翌日の中休みの場面です。1年生の教室を覗く上級生の姿がありました。「ちゃんとやっているかな」「休み時間，一緒に遊べるかな」と，きょうだいや近所の1年生のことが気になり集まってきたようです。1年生のことを思う気持ちに感激しました。それと同時に，1年生の子どもの育ち，かかわり方について上級生に投げかけたいと思いました。以下は，2年生から6年生の子どもたちに向けて話した朝会の話です。

> **エピソード5 1年生は，赤ちゃんかな？：4月13日，朝会の話より*9**
>
> 恩田小学校に来て，初めての朝会の話は，「1年生は，赤ちゃんかな？」という話です。みなさん，手を挙げてみてください。「1年生は，赤ちゃんだと思う人」「赤ちゃんではないと思う人」。
>
> そうだね。赤ちゃんではないよね。3月までは，「なんでもできる年長

---

*9 恩田小学校学校便り（2021年5月号）。

さん」として，園のみんなから憧れの存在だった1年生。それなのに，4月になると年齢的に一番下になってしまいます。なんとなく，小さいというイメージになります。「学校のことで分からないことがあったら，教えてあげるね」と上級生は，なんでも教えてあげたくなります。でも，1年生は，園や家庭での遊びや生活を通して，たくさんのことを学んでいるのです。ですから，みなさん，1年生が質問しても，すぐに答えを教えないでほしいです。

　みなさんは，「赤ずきん」という話を知っていますか。おばあさんに化けたオオカミに赤ずきんは聞きます。

　「おばあさんの耳は何でそんなに大きいの？」

　オオカミはすぐに答えます。

　「それはね。おまえの話をよく聞くためだよ」

　1年生に聞かれた時，みなさんには，こんなふうに答えてほしいです。

　「なんで大きいと思う？」

　そうしたら，1年生は，自分なりに予想するでしょう。自分で考えることがとても大切なのです。そして，分かった時，1年生の口からこういう言葉が聞かれると思います。

　「やっぱり！」

　すぐに教えてもらうのと，予想してから分かるのとは全然違います。

　みなさん，1年生への声のかけ方を考えてみてください。

写真10-6　1年生の様子を見に来た上級生

　これからも全校で1年生の育ちを支えていきます。

　エピソード5では，1年生の入学を心待ちにし，ともすると学校のことをなんでも教えてあげたくなる上級生たちに，1年生への関わり方について考えるきっかけを与えています。

　そして，このエピソードを学校便りで紹介したことにより，1年生を赤ちゃん扱いせず，考えないスイッチが入らないような言葉をかけて，全校で1年生の育ちを支えていくという学校の考えが，保護者

や地域の人にも伝わっていくことになったのです。

 まとめ ．．．．．．．．．．．．．．．

　幼児期の教育と小学校低学年教育との学びの共通点は，心と体を一体的に働かせ
て学ぶというところです。そのために，低学年教育やスタートカリキュラムでは，
具体的な活動を通して学ぶ生活科を中心とした合科的・関連的な指導を大切にしま
す。

　遊びを通して様々な対象と直接かかわりながら総合的に学んでいる幼児期の教育
に対して，小学校教育では，自覚的な学びになることや各教科等の学習内容を系統
的に学ぶようになることなどが相違点ですが，幼児期の学び方と児童期の学び方を
行きつ戻りつしながら，子どもが主体的に自己を発揮できるようにする場面を意図
的につくるのがスタートカリキュラムなのです。

　スタートカリキュラムでは，「1年生は，ゼロからのスタートではない」という
発想の転換が大切になります。それには，「幼児期の終わりまでに育ってほしい姿」
を共有し，幼児期の教育での学びを理解するとよいです。安心して自己発揮できる
ような言葉がけ，環境構成も欠かせません。

　保育者や小学校の教職員がお互いを理解し，それぞれの学びを充実させて，子ど
もたちが生き生きと学びに向かえるように支援していくことが求められているので
す。

．．

 さらに学びたい人のために

○田澤里喜・吉永安里（編著）『幼児教育から小学校教育への接続──あそびの
　中の学びが未来を開く』世界文化社，2020年。
　　学習指導要領や幼稚園教育要領等の改訂を踏まえ，幼児教育と小学校教育の
　違いとつながりについてそれぞれの実践例をもとにわかりやすく述べています。
　幼児教育の実践の中で見られた子どもたちの10の姿についてもわかりやすく解
　説されています。

○文部科学省国立教育政策研究所教育課程研究センター（編著）『発達や学びを
　つなぐスタートカリキュラム──スタートカリキュラム導入・実践の手引き』
　学事出版，2018年。
　　幼児期からの発達と育ちをどのように小学校のカリキュラムにつないでいく

のか，スタートカリキュラムの理念と教科横断的な指導のあり方，実践事例について広く解説されています。

○横浜市こども青年局・横浜市教育委員会『横浜版接続期カリキュラム（平成29年度版）——育ちと学びをつなぐ』2018年。

横浜市における，小学校就学へ向けての幼児期のアプローチカリキュラムと小学校入学後のスタートカリキュラムについての考え方，実際のカリキュラム例，実践事例が，わかりやすく解説されています。

第 11 章

事例で学ぶ
多様な保育と保育内容

● ● ● 学びのポイント ● ● ●

- 保育における「多様性」とは何かを学ぶ。
- 子どもは一人一人違う人格を持っていることを学ぶ。
- 多様性を生かす保育のあり方を学ぶ。

　保育所の園庭のブランコをめぐって，アイとトモヤがブランコを引っ張り合っていた。

　「オレもつかいたいの」トモヤがひと言。「アイが先だった！」すぐに返しのひと言。どちらにも言い分がある。

　「ブランコがたいへん」と傍にいたカナとハルにこっそり声をかけてみた。

　「どうしたのー？　何してるのー？」と間に入ってくれた。

　「ケンカしないで。ね。こんかんこんかんにしよっ」（おしい！　けど，わかるわかる）

　その言葉を聞いて，にらみ合っていた二人の顔が笑顔になっていった。

　「そうだ！　こうしよう！　アイ，座って！」と，トモヤが引っ張っていた手を緩めて，譲ったのかなと思ったら，両端に足をかけて立ち乗りを始めた。

　おお，二人乗り！　誰かがやっていたのを見ていたんだろうな。

　でもこぎ始めた途端に，ドシン！　アイは，ずるりと後ろに滑って，しりもちをついてしまった。

　「わーん‼」

　びっくりして泣き出す姿に，「ごめん……」と，トモヤ。

　ちょっと失敗だったけれど，場所を変えて，今度は鉄棒で，すぐにまた一緒に遊び始めている。

　上記はある日の保育所の2歳児クラスの姿です。
① 　もし，あなたがここにいたら，どうしますか。
② 　「子どもをよく見る」とはどういうことだと思いますか。

● 導　入 ● ● ● ● ● ● ・ ・ ・

　子どもが安心して過ごせる生活とはどんな生活でしょうか。子どもがのびのび過ごせる環境とはどんな環境でしょうか。静かに過ごしたいとき，誰かに抱いていてほしいとき，共に遊びたいとき，夢中になれるものに出会ったとき，子どもの要求が叶う人的，物的環境とはどのようなものでしょうか。

　多様性が広がる保育の現場で，何を大切に保育を展開していけばいいのでしょうか。共に学びましょう。

・ ・ ・ ・ ・ ・ ● ● ●

1 長時間保育

　保育所の保育時間は一日につき 8 時間を原則として，地域における乳幼児の保護者の労働時間や家庭の状況を考慮して，各保育所において定めることとされています。現在，保育所と認定こども園では，保護者の就労時間に基づいて 8 時間以内で利用する「短時間」と11時間以内で利用する「標準時間」の 2 つに区分されて，保育が行われています。最長で12〜13時間ほど開園している園では，多くの子どもたちが10時間以上の保育を受けています。

1　一人一人が安心できる場で過ごす

　保育園では，保育時間の異なる子どもが共に過ごすことから，一人一人の生活を見通した上で，子どもの活動と休息，緊張感と開放感の調和を図っていく必要があります。その際，子どもが共に過ごす集団の規模や関わる保育士等が時間帯によって変わることを踏まえ，子どもの安心と安定が図られるような環境づくりが必要です。

　特に入園したての子どもたちは，初めて出会う人や場所の中で大きな緊張感をもって過ごしていることが想像できます。家庭とは違い，複数の子どもと大人の中で長時間過ごすのですから，なおさらです。

179

　4月は保育室も保育者も新しく変わり，新入園児も加わり，新しい環境になったことからくる不安なのでしょう，ヒナノ（2歳児）は朝の受け入れのとき，泣いていました。少しでも安心して朝のスタートが切れるように，登園時はお姉ちゃんのクラス（4歳児）で過ごすことにしました。4歳児クラスの職員も快く受け入れてくれて，お姉ちゃんがそばにいることがわかると朝のバイバイも泣かずにできるようになりました。

2　遊びの内容

　保育所における一日の生活環境の変化が，子どもに過度の不安や動揺を与えることがないように配慮することが求められます。一方で，安定した生活のリズムが保たれながらも，その時々の子どもの興味や関心，生活や遊びへの取り組み方，保育士や友達との人間関係の変化，自然や季節の変化などに応じて，子どもが様々な経験を楽しんでできるように工夫し，子どもの毎日の生活が一律で単調なものとならないようにすることも大切です。

　保育者は，子どもの興味に着目して遊びへの導入をします。

　子どもたちが花壇の花に興味を持っていることがわかったので，「"押し花"を作ったら，子どもたちと楽しめるかもしれない」と色々調べて道具を揃え，次の朝を迎えました。登園してきた子どもたちの前で，画用紙の上に花を乗せて，ティッシュを被せてトンカチで叩いてみせると，素敵な押し花ができました。近くで見ていた子どもたちが「わたしもやりたい！」「わたしも‼」と次々に集まってきました。

　トンカチを初めて使う子がほとんどでしたが，「手で押さえて優しくトントンするんだよ，トンカチが指に当たらないように気を付けてね」と伝

えると，年長児を中心に上手に使いこなしている姿がありました。また，トンカチを見て「これってさ，大人といるときにつかうんだよね？」と子どもたちも慎重に扱わなくてはいけないものと認識している声が聞こえてきました。

　押し花のしおりができあがると「きれいー！」「ちゃんとむらさき色になってる！」と大切に握りしめている姿が印象的でした。

　しおり作りの次の朝には，「昨日保育園で作ったしおりにリボンをつけてみたんですよ」「家に帰っても大事にしていました」と保護者の方との会話の種になりました。まだ春の初めに，子どもを真ん中に保護者の方とつながり合えたことが嬉しかったです。これをスタートに，子どもたちの草花への興味が広がっていきました。

　次に，花で作る "いろ水遊び" が，年長児を中心に 4 歳，3 歳の子どもたちへと広がっていきました。また，草花図鑑を片手に散歩先での発見を楽しむことも増えていきました。

エピソード 3　終わりにできない気持ち

　保育者が子どもと一緒に泥団子を作りました。給食の時間になった頃，ちょうどいい具合にツルツルになりはじめました。泥団子の面白さは，まだまだ，ここからです。白砂をかけて磨く工程が目前で，なかなか手を止められません。

　そこで保育者はハッとしました。「ご飯だから片付けてね」と言われてもなかなか腰をあげない子どもの気持ちがわかりました。「壊れないようにしまっておける」「またあとで続きができる」と安心して中断できる環境づくりが重要です。

3　職員の連携

　保育所では，子どもの生活の連続性を考慮し，担当する複数の保育士等が，

一日の保育の流れを把握した上で子どもにふさわしい対応ができるよう，保育のねらいや対応等について理解を共有して取り組むことが必要です。

ここではまず，情報共有の方法が重要です。職員の勤務形態や，勤務時間は様々です。子どもや保護者の情報をすべての職員で共有することが大切です。特に早朝や夜間の保育では，担当以外の子どもを見ることも多くあります。午睡の時間に，午前中の子どもの姿と午後の予定を確認し，引継ぎを行います。夕方から翌朝への引継ぎは書面などを用いて行います。

また，子どもの姿について語り合うことも大切です。子どもたちの姿について保育者同士が語り合い，「他のクラスの〇〇ちゃんとこんな関わりが見られたよ」と，お互いが様々な場面で目にした子どもの姿を話すようになれるとよいでしょう。

4　心地よい生活リズムを支える

保育園で長時間を過ごす子どもにとって，心地よい環境とはどんな環境でしょうか。子どもが静かで心地よい環境の下でいつでも安心して休息できるような雰囲気やスペースを確保しておきましょう。一日の生活全体の流れを見通し，発散・集中・リラックスなど，静と動の活動バランスや調和を図る中で，一人一人の子どもが適切に食事や休息を取れるようにしておくことが重要です。

エピソード4　園と家庭との連携

シュン（0歳児）は，朝一番に登園します。朝が早いので，ご飯の少し前になると眠くなることが多く，大好きなご飯も完食しないまま眠ってしまうこともありました。しかし，午前中にぐっすり寝てしまうと，夕方お迎えの時間にまた眠くなってしまい，家庭では帰宅してからの生活リズムが乱れてしまうようでした。園でも家庭でも心地よい生活リズムがつくれるよう，担任と保護者は園と家庭の様子を伝え合い，午睡の時間を調整してみました。すると少しずつ，ご飯を食べて，機嫌よく眠るというリズムが安定してきました。

> **エピソード5　一人一人のタイミング**
>
> 　年長児20名は，それぞれ起床時間，朝食を食べる時間，登園時間も様々です。すると，保育園でお腹がすく時間も，眠くなる時間もそれぞれ違います。11時にはお腹が空いて，給食を心待ちにしている子，12時になっても「お腹空かない」と遊びに夢中な子もいます。
>
> 　栄養士から喫食時間のリミットを伝えてもらい，その上で子どもたちとオリジナルの給食時計を作りました。当番がその日の給食時間（この時間までに食べてね）を伝えます。
>
> 　すると，「そろそろ食べようかな」「あと少し遊んでから食べるね」と，それぞれのタイミングで給食に向かう姿が見られました。

　保育所保育指針にも「一人一人の子どもの状況や家庭及び地域社会での生活の実態を把握するとともに，子どもが安心感と信頼感をもって活動できるよう，子どもの主体としての思いや願いを受け止めること」「子どもの生活のリズムを大切にし，健康，安全で情緒の安定した生活ができる環境や，自己を十分に発揮できる環境を整えること」に留意して保育を進めることが記されています[*1]。

　子どもが一日の大半を過ごす保育所では，子どもたちの欲求が叶えられる，心身ともに安らいで過ごせる環境づくりが大切です。

2　異年齢の子どもたちが関わって過ごすということ

　身近な保育士等との愛着関係を拠り所にして，子どもたちは少しずつ自分の世界を拡大していきます。

　現代日本のほとんどの家庭が核家族です。隣近所との交流も少ないでしょう。さらに密を避けることがスタンダードになった現在，関わりの単位の主体は「家族」です。そういった中で，子どもたちはどのように人との関わりを拡大

＊1　厚生労働省「保育所保育指針」（2017年告示）第1章「総則」1「保育所保育に関する基本原則」(3)「保育の方法」。

していくのでしょうか。

　保育園では，同年齢の子どもたち同士で過ごす時間もありますが，0〜5歳の子どもたちが自然と触れ合って過ごしていることもよくあります。

1　見て学ぶ

　子どもたちは日常的に「見て学ぶ」を繰り返します。

　遊びも生活も，大人が教えるよりも，子ども同士のつながりの中で学んでいることが多いです。それは「○○みたいになりたい」という「憧れ」であったり，自分がしてもらったことを相手にもしてあげたいという「共有する気持ち」が子ども自身に芽生えるからです。

エピソード6　着替え

　朝早く登園してきたアキ（4歳児）が「暑いから半袖になる」と言って着替えをしに行くのを，じっと見送っていたチカ（2歳児）。

　この時期，保育者がいくら言っても「着替えない！」の一点張りのチカでしたが，この日は違いました。「はんそでにしてくるー！」と，着替えに行きました。

エピソード7　初めての出会い

　「見て！　ヤモリだよ。さわってみる？　持ってみる？」と，ヤモリを手のひらに載せて見せてくれたカイ（5歳児）。

　そばにいたメイ，ミユ（共に2歳児）は興味津々の顔。恐る恐る手を伸ばす二人に，カイがそっと手のひらに載せてくれました。

　メイ，ミユにとっては，初めての「ヤモリ」との出会いでした。

エピソード8 「いつか，きっと」

　夏，園庭に職員お手製のウォータースライダーが出現しました。早速挑戦する5歳児。少しでもスピードが出るように，手で漕ぎながらスタートしていました。スピードが出ると，今度はどうしたら水しぶきが上がるのか滑り方を工夫しています。

　それを見ていた3歳児はお兄さんたちの姿を真似て滑ります。さらにその一歩後ろで見ていたレイ（2歳児）は，お兄さんたちの輪に入るでもなく，ずっと見つめていました。

　数日経ったある日，レイは「すべりだい，たのしかったね。またやりたいね」と職員に声をかけました。今は「見ているだけ」でも，いつか「やってみよう」につながる日が来るのでしょうか。大きい子の姿にそれぞれの距離感で思いを馳せている子どもたちの姿に出会いました。

2　真似っこが楽しい

　幼児期になると，年上の子や，保育者等の真似っこをするのが楽しく，生活や遊びの中で経験したことを，ごっこ遊び等で再現して遊ぶ姿が見られます。

エピソード9　鬼決め

　4歳児が鬼ごっこをやるために「鬼決め」をしていました。鬼が決まると，すぐに鬼ごっこがスタートします。

　その隣で3歳児はお兄さんたちの真似っこが楽しくて「鬼決め」をしています。なかなか決まらない「鬼決め」を見て，4歳児が「それじゃ，鬼ごっこが始まらないよ」と声をかけてくれますが，「鬼決め」そのものが楽しい3歳児はへっちゃらです。

ほどよい距離感

　不思議なほど，子どもは相手に無理強いをしません。だからでしょうか，大人が介入するよりも，子ども同士の方がすんなり解決することが多くあります。大きくなる過程で，信頼する大人から自分がしてもらったように，相手に関わっている姿でもあります。

　小さな子の主張を受け止める大きいクラスの子。受け止められたことに安心して，自分を表現する小さいクラスの子。

　ほどよい距離感の中で，お互いが心地よく過ごしています。

エピソード10　手伝ったり見守ったり

　靴を履くのに手こずっていたフウカ（2歳児）に気づいて，ナギサ（4歳児）がそばに来てくれました。小さな声で「やろうか？」と声をかけています。フウカが頷くと，しゃがんで手伝ってくれました。

　ナギサの姿に気づいて，他の4歳児が数人集まってきました。「やって」という子には手伝い，「じぶんで」という子には手を出さずに見守っていました。

エピソード11　「どうしたの？」

　築山の上で大きな声で泣いているソウマ（2歳児）に「どうしたの？」「なんでないているの？」と代わるがわる声をかける5歳児。あれこれことばを挟みながら，ただじっと傍にいてくれるのです。

　いつの間にか，ソウマの涙は止まっていました。身近にいて，困ったときにそっと声をかけてくれるのは保育者だけではないことを感じました。

　様々な年齢の子ども同士が関わって過ごすのは，ごく自然な姿です。

　4月生まれから3月生まれで一年を区切った同年齢クラスでの活動や関わりもありますが，気が合う子，興味や関心が近い子，居心地のよい関係の子が必

ずしも同年齢にいるとは限りません。この園では，年齢ごとにクラスが分かれ
ていますが，子どもたちが過ごしたい場所で過ごせるよう，見守っています。
そうすると，子どもたちが今どんなことに関心を持っているのか，また，どん
な関わりを求めているのかが見えることがあります。

　たとえば，5 歳児が 0 歳児のお部屋で寝っ転がって絵本を読んであげている
とき，実は癒されているのは 5 歳児の子だったりします。

　保育者はその子がホッとする時間を求めていることに気づきます。そして，
保育者はその子への関わりを再考します。異年齢保育の子どもの姿から気づか
されるのです。

　着替えも食事も自分でできることが増えてくる 3 歳児。5 歳児が手伝ってく
れるとわかると，我先に「やってー」と言います。自分でできる力は十分に備
わっているのに，です。

　本当はどこかで甘えたい，いっしょにやってほしい，3 歳児の気持ちに，改
めて気づきます。

　子どもたちは，信頼する身近な大人（＝保育者）の確かな見守りの中で，
様々な年齢の子どもと関わり，自由に自分を表現して過ごしています。

3 特別な配慮を要する子どもの保育

　保育所は，全ての子どもが，日々の生活や遊びを通して共に育ち合う場です。
そのため，一人一人の子どもが安心して生活できる保育環境となるよう，障害
や様々な発達上の課題など，状況に応じて適切に配慮する必要があります。

　また，外国籍家庭や外国にルーツを持つ家庭，ひとり親家庭，貧困家庭等，
特別な配慮を必要とする家庭では，社会的困難を抱えている場合もあります。
また，多胎児，低出生体重児，慢性疾患のある子どもの場合，保護者は子育て
に困難や不安，負担感を抱きやすい状況にあり，子どもの生育歴や各家庭の状
況に応じた支援が必要となります。

エピソード12 「ぼくのペースがあるんだよ」

　入室・着替えなど，場面の切り替えが難しいリツ（5歳児）。保育者は，リツには自分でできるようになってほしい，とばかり考えていました。「お部屋に入るよ」「次は着替えだよ」と，声をかけ続けると，時間はかかるものの，リツは自分でこなしていきました。しかし，リツの顔は険しく，保育者の私もこの声掛けをすることが正しいのか，迷っていました。あるとき，リツは「先生に言われなくてもわかってる‼」と言いながら，遊具の中に隠れました。私はリツを全然信じていなかったのかもしれない，リツの気持ちに寄り添えていなかったことに気づかされました。

エピソード13 いっしょなのがうれしい

　以前は，食物アレルギーを持つ子どもには，除去食や代替食で対応していました。

　ある日，卵アレルギーのあるミツキ（5歳児）が，別皿に配膳されている給食を見て，「いつもみんなと違うんだよね」と言いました。誤食を防ぐためとはいえ，いつもこんな気持ちでいたのか，と申し訳ない思いでした。

　そこで，給食室が一丸となり，卵，乳製品不使用の給食づくりに取り組み始めたある日，みんなと同じ大皿からハンバーグをよそってもらったミツキが「すごくおいしい！」と言いました。家庭でも「みんなと同じハンバーグ食べたよ！」と報告したそうです。

　子どもが置かれている社会的背景は様々です。どんな状況にあっても，その生命が脅かされてはいけません。私たちは，子ども一人一人の状況をよく観察し，その子が抱いている思いに気づき，適切な援助を行うことが大切です。

4 多文化共生の保育

　保育所では，外国籍の子どもをはじめ，様々な文化を背景に持つ子どもが共に生活しています。保育士等にはそれぞれの文化の多様性を尊重し，多文化共生の保育を進めていくことが求められます。

エピソード14　ある外国籍の家庭とのエピソード

　「いっぱいお金を稼ぎたいから私は頑張る」と話す外国籍の母親がいました。

　母親は朝は6時に家を出て，仕事を終えて帰るのは23時。園児の朝の支度は中学生の兄が手伝っています。保育園の送迎は，毎日近所の人に頼んでいます。必要なものを持ってくることもできませんし，私たちが母親に会うこともないため，保育園での子どもの話もできず，園が持ち物を準備して，子どもが安心できる毎日をつくっていました。

　ある日母親が，「自分の子どもがいじめられている」と抗議してきたことがありました。話を聞くと，足にあざがある，○○くんにたたかれたと子どもが言っている，いじめられている，とのこと。そこで，母親の休暇に合わせて個人面談の時間をとりました。子ども同士の関わりの中で，少し行き過ぎたちょっかいがあったようでしたが，子ども同士のやり取りで人との関わり方を学ぶ幼児期です。母親と直接顔を合わせて話をして，誤解は解けました。最後に母親は「私，心配しすぎね」と笑顔で話されました。

　この一件を経て，朝も夕も保育園に来ない母親には，保育園の暮らしがわからなかったのだろうと想像しました。母子共に日本語の理解がままならず，配布している様々な手紙の文章もよく理解できていなかったこともわかりました。また，母親の母国では「転ぶ＝転ぶことになった道路が悪い」と他に転嫁する文化があること等を知り，母親が抗議してきたことに共感もできました。

　一般的な働き方よりも長時間の勤務をしているのは，就労ビザの取得のためだったということも知りました。安い賃金で働く外国人労働者の問題

　保育所には特別な配慮を要する家庭の子どももいます。状況に応じて個別の支援を行うことが必要ですし，各関係機関との連携も大切です。保育所の職員は，常に社会状況をふまえることを求められています。

5　緊急事態の対応

　避難訓練は，災害発生時に子どもの安全を確保するために，職員同士の役割分担や，子どもの年齢や集団規模に応じた避難誘導等について，全職員が実践的な対応能力を養うとともに，子ども自身も，発達過程に応じて災害発生時に取るべき行動や態度を身に付けていくことを目指して行われることが重要です。近年では，地震や火災に加えて風水害に備えた訓練や，不審者への対応訓練も行っています。

　災害や重大事故の発生時には，消防，警察，医療機関，自治会等との連携協力が不可欠です。避難訓練は，実際に，たとえば送迎の保護者に紛れて不審者が園に侵入した想定で訓練を行うなどが考えられます。事前打ち合わせで職員の役割分担を決めて訓練に臨んでも，不審者対応に追われ，関係機関への連絡ができないといったこともあります。そうした反省をふまえて，2回目以降には分担を組みなおして繰り返していくと，職員の役割分担が明確になります。

　また，関係機関から，AEDや心肺蘇生法等の実地訓練を受けることも大切です。保育の日常は，「食べる（喉に詰まらせて窒息する危険）」「寝る（睡眠時無呼吸症候群）」「水遊び（溺水）」というように，常に命の危険と隣り合わせにあります。これも繰り返し学ぶことが大切です。

　災害時のための備蓄としては，ミルクやおむつ，おしりふきは，普段使用するものに備蓄用を上乗せして常備するローリングストックにすると無駄がありません。通常"最低3日分の用意が必須"というのは，大災害時は行政等から

の援助が届くようになるまで，最低3日は自分たちで生き延びなければならないからです。消費期限を目前にしたものは，災害時を想定して子どもたちと食べたり飲んだりすることも大切な経験となります。

筆者の園では，年に1回，地域の人たちと一緒に訓練を行っています。起震車での揺れの体験，煙の中で行動するときのポイント，消火器の扱い方などを，消防署から教わります。災害時は，保育園が地域の避難所になる場合もあります。保育園が地域の資源の一つとしての役割を果たせるよう，日常から地域でのつながりを密にしていきたいものです。

 まとめ ・・・

　　乳幼児期という人間形成にとって極めて重要な時期に，その生活時間の大半を過ごす保育所は，子どもが現在を最も良く生き，望ましい未来を創るための基礎を培う場であるべきです。
　　安心した雰囲気の中で様々な欲求を満たすことのできる環境であること，心身の健康を培うこと，誰もがより良く生きる権利を遂行できること，様々な興味・関心を育て，経験を通して学ぶことができることが大切です。
　　また，一人一人の保護者の状況やその意向を理解し，受容し，それぞれの親子関係や家庭生活等に配慮しながら，適切に援助することが求められています。

 さらに学びたい人のために

○若月芳浩『「インクルーシブな保育」導入のススメ』中央法規出版，2022年。
　　障碍のある子がいることが当たり前であり，障碍のある子がいることで保育の質が高められる保育・幼児教育の実践のための心得を，具体的な事例とともに解説しています。

○榊原洋一『最新図解　発達障害の子どもたちをサポートする本』ナツメ社，2016年。
　　発達障害の子どもたちを理解し，寄り添い，サポートしていくためのヒントをわかりやすい図解とともに示しています。

第12章

保育内容を深める遊びと教材

- 子どもにとって魅力のある教材とは何かを学ぶ。
- 教材のもつ教育的な可能性について考える。
- 教材研究の進め方について学ぶ。

WORK 模擬保育「絵本の読み聞かせ」

お気に入りの絵本を1冊選んで教材研究をしてみましょう。

① 絵本の魅力について研究してみましょう。

(1)絵本の題:「　　　　　　　　　　　　　　　　　　　　　」
(2)作者　　文：　　　　　　　　　　　　　画：
(3)何歳児向きの絵本ですか？：　　　　　歳児〜　　　歳児
(4)あなたはこの絵本のどこが好きですか？
- 絵の魅力について
- 物語の魅力について
- 作家について
- その他

② 読み聞かせ方について研究してみましょう。
　グループを作って，お気に入りの絵本の読み聞かせをしてみましょう。
- 絵本を読む人が保育者の役を，他の人は子どもの役をしてください。
- 保育者役の人は，ちょうどよい椅子を用意して，子ども役の人たちを集めて，座らせてください。
- 保育者役の人は絵本を提示して，導入となるお話をしてください。今日，子どもたちにこの絵本を紹介しようとした意図や思いなどでもいいですよ。
- 保育者役も子ども役も，互いに絵本の読み聞かせ体験の感想を話し合いましょう。「よかったところ」や「もっとこうしたらよいところ」など。

　ここでは，様々な教材のもつ特質や特性をよく理解し，子どもの遊び方や関わり方について知ることや，子どもの活動をどう広げていくかなど，教材のもつ教育的な可能性を広く捉えようとする教材研究の基本的な考え方と姿勢について学習します。

　学校教育において，一定の目的や目標を達成するために行われる教育の内容は教育内容といわれますが，教材はその教育内容を児童・生徒に習得させるための素材です。つまり，授業を中心とした教育活動を行う小中学校では教科書・副読本・標本などがこれにあたります。さらに広くみると，児童・生徒の身の回りにある生の事物や現象などから目的に照らして，教師が選択・編集して提示・活用するものも教材ということになります。これは自主教材ともよばれます。それでは，「教科書のない教育」を実践する幼児教育における教材とはどのようなものでしょうか。

* ● ● ● ● ● ● ● ● ● ●

1 保育内容を深める教材とは

　園の中を観察してみると，様々な教材が子どもたちの成長や発達のために用意されていることがわかります。鉄棒やブランコ，滑り台などの大きな固定遊具はすぐに目につきますが，そのほかにも子どもたちが手にしている様々な教材が存在します。たとえば，積み木やブロック，ぬいぐるみ，ままごと道具，衣装のような玩具。画用紙，クレヨンやオイルパステル，サインペン，絵の具や絵筆，パレットなどの画材や絵画用具。色紙や粘土やビーズなどは造形の用具や材料となります。木工遊びに使う金槌やのこぎり，調理活動では包丁や皮挽き，まな板や鍋などもあります。これらの教材研究をして，安全で楽しい使い方を子どもに教えます。

　どんぐりのコマやヤジロベエ作りの遊びでは，どんぐりに穴を空ける錐の安全な扱い方や指をけがしないためのポイントを，いかに子どもに伝わるように説明するかも教材研究の一つです。楊枝，竹ひごを刺す位置やバランスを考え

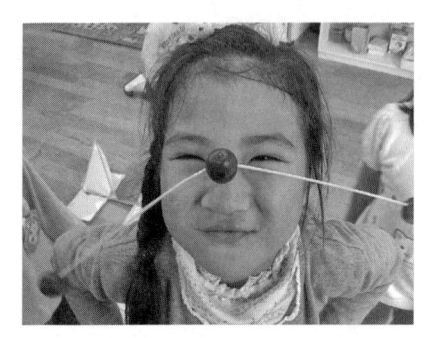

写真12-1　どんぐりのヤジロベエ

ながらいろいろと試行錯誤することで，子どもは学びますから，保育者も実際に試作してみることが大切です。

　ここではどんぐりを例に挙げましたが，その他にも木の実や土，砂，石，水，虫や小動物や花や木々などの植物，風も自然環境としての魅力ある教材です。子どもが作ったり，身につけたり，見つけたものを集めて入れたりする空き箱や空き缶，ペットボトル，段ボールや新聞紙，広告紙などの廃材や素材も，身近な教材となります。もちろん WORK で取り上げた絵本や，紙芝居，手遊び，歌，伝承遊び，フォークダンス，リズム遊び，言葉遊びなどの文化財も幼児教育でよく用いる教材です。同じボールという教材を使っても，ドッジボールやサッカーなど異なるルールで楽しむ遊びもあります。一人で楽しむ単縄や複数の友達と楽しむ長縄などの縄跳び，同じボールや縄でも遊び方に合わせて性能や形態を変えているモノも多くあります。どんなヒトが，どんなコトをより効果的にするために，どんなモノを作っているかを考えてみると，その教材のもつ特徴を生かした保育が展開できるでしょう。

　このように「環境を通して行う教育」を基本とする幼児教育では，子どもが関わるすべての環境が教材となり得るものです。生活ベースで展開される幼児教育においては，生活に関わるすべての環境が教材となることを考えると，私たち保育者は日常生活の様々なモノやコトに興味や関心をもって過ごすことが大切であることがわかるでしょう。

2　遊びと教材

　本節では絵本『ダンプえんちょうやっつけた[*1]』を読んだ後の実践を紹介します。筆者は体の大きい男性保育者でありましたので，よく子どもたちから「ダ

ンプえんちょうみたいだ」と言われ，園外保育に出かけると，「ダンプえんちょうごっこして」とせがまれていました。このようなことから，筆者はこの絵本を 5 歳児年長組の 4 月の絵本のリストに載せていました。

　筆者はまず，『ダンプえんちょうやっつけた』についての教材研究を行いました。ポイントは WORK でみなさんに体験していただいた教材研究の項目を基本として，さらにそれを発展させます。この作品は，集団の遊びの中で成長していく子どもたちの姿を描いたロングセラー絵本です。石巻市に実在した「わらしこ保育園」の実践をもとにした作品だということなので，子どもたちも自分と同年代の登場人物の心情に共感しながら物語の世界に入っていけます。主人公のさくらやダンプえんちょうをはじめ個性的な仲間たちが登場するので，様々なキャラクターに自分の成長の姿を重ねていくこともできるでしょう。絵画的には，日常の暮らしの情緒豊かな風景や自然の描写がすてきです。登場人物が存在感のあるタッチで描かれ，冒険心をもって決死のダイビングをするところでは絵本を縦開きにするなど，動きのある演出で読み進めるような作りになっています。作品は108ページの長編絵本です。筆者の場合，読む時は，2，3 回に分けて読んで子どもたちと楽しみました。

　物語のあらすじは次のようなものです。ある日，ダンプえんちょうとひなた山にやってきたくじら組の 9 人は，ほら穴を見つけて，海賊ごっこを始めます。さくらはお姫様の役になりますが，海賊からかくれているお姫様がつまらなくなり，今度は自分から海賊になります。さくらは海賊になりきって，こわかったチャンバラごっこができるようになります。海賊になった子どもたち 9 人は，正義の味方ダンプ丸に，宝物をかけて挑んでいきますが……。

　次に筆者が行ったのは，園外保育に行く森や広場の下見です。危険な場所はないか，蜂や蛇，マダニや蚊，毛虫などの子どもに危険が及ぶ生物や，皮膚がかぶれるウルシや喘息やアレルギー反応を起こす植物はないかなども重要なチェックポイントです。そして，自然遊びや冒険遊び，昆虫や小動物探し，木の実や枝，落ち葉集めやごっこ遊びなど，子どもたちの興味や関心，年齢や発

＊1　古田足日・田畑精一（作）『ダンプえんちょうやっつけた』童心社，1978年。

達の状況などをもとに，楽しめる遊びや活動を考え，指導計画を練っていきました。教材は，子どもの遊びを誘発し，様々な活動の拠り所となります。教材は，活動と密接な関係をもち，保育内容を相互的に達成するものとなります。事前の準備や幼児理解，活動の予測などが効果を上げます。

　次のエピソードは，幼稚園の5歳児クラスが，実際に園外保育に出かけた場面です。

エピソード　「この，がさがさっていうのが　いい」（5歳児5月）

　「ダンプまる　まてえ」「にげるのか　よわむし」木の枝の剣を握ったコウキとタイヨウが，保育者を追いかけてくる。「ふっ。これも作戦よ。できるだけ，おまえたちを仲間から離して」保育者は，わざと木の間を抜けて広場から離れていく。「ふん。俺たちがやっつけてやる」二人は顔に当たりそうな小枝を剣で払いのけながら追いかけてくる。

　「この辺で，良かろう」保育者は止まって，振り返ると，枯れ枝の長剣を大上段に構えた。「よし。ダンプまる，かくごしろ」息をはずませながら，二人は剣を構えて，保育者を睨み付ける。

　「どうりゃぁ」保育者の長剣の突きはタイヨウの眼前で止まった。

　「とう」横から振り下ろしたコウキの剣は，枯れ枝の長剣の先をぽきっと折った。「よしっ。とう。とう。とう」二人は保育者の剣を力任せに叩き切っていく。「な，な，なんだこりゃ」ハンドマイクのように短くなった，枯れ枝を握ったまま，保育者は子どもたちに囲まれた。後から後から仲間たちが集結してきた。

　「ダンプまる。降参か」という子どもたちの声に「拙者，もっとよい剣を探して，出直して参る」と保育者が応えると，「せんせい，今度はもっともっと長い剣にしてよ」とセイマが言う。「ぼくたちが一緒に探してあげる」他の子どもたちも一緒になって，長くて折れやすそうな枝を探している。落ち葉を踏みしめながら

> コウキは「先生。この，がさがさっていうのが　いいなあ」と笑い顔で言う。タイヨウも「お侍や忍者の本当の戦いみたい」と剣を構えて言う。

　森や林は，子どもたちの遊びのイマジネーションや，原始からヒトが繰り返し行ってきた狩りや住まい作りなどの活動欲求を引き出すような感じがあります。明るい日中にもかかわらず，うっすらと暗い林の中は異空間のようです。子どもたちもこの空間の中で，よりごっこ遊びのイメージをかき立てる要因を体感し，「先生。この，がさがさっていうのが　いいなあ」などと表現しているのでしょう。

　また，剣などの小道具についても，自分たちのものは堅くて強いものを，やっつけられる役の保育者には，長くて強そうですが，その実，折れやすいものを選ぶなど，ものの性質と役割との関係を捉えた選択をしているのもおもしろいですね。

　子ども一人一人にとってふさわしい遊びや生活が展開されるためには，使いやすさや安全性への配慮はもちろん，活動の広がりや深まりを見通すことが大切です。子どもが試行錯誤を重ねたり，気づきや工夫が生み出されたりするような教材の活用を考えていきましょう。子どもにとって魅力ある教材であることで，はじめて，子どもの主体的な関わりが生まれてきます。そして，資質・能力を育んでいく発達に必要な体験となるのです。

3　遊びを見る視点

　保育の現場では，教材そのもの，つまりモノについてよく調べること，それをどんなヒトが活用するのかという子どもの年齢や発達の状況を理解すること，そして，教材を活用してどんなコトをするのかということを考え合わせながら教材研究を進めていきます。

　それでは，土や泥を例にとって，幼稚園の子どもの遊びの様子を観察してみましょう。写真12 - 2は3歳児の土の型抜き遊びの写真です。写真12 - 3は5

写真12-2　3歳児「プリンができた」　　写真12-3　5歳児「ピカピカになあれ」

歳児の泥団子作りの様子です。土・泥という同じ素材を使っていますが，明らかに，楽しみ方も楽しさも異なっているのがわかります。

　3歳児は，雨上がりの園庭で水を含んで柔らかくなった土（泥）を，スコップでかき集め，お椀に集め，固めて，型を抜き，「プリン」を作っています。

　一方，5歳児たちは，土を少量取って粘土状になるまで練り，泥団子の芯を作りました。次に泥団子の芯土を両手の中でコロコロ転がし，丸くしました。

　さらに，粒子の細かいさらさらの土の粉（通称「さらこな」）を泥団子の芯にまんべんなくまぶします。泥団子の黒い部分がなくなるまでまぶします。余分についたさらこなを落として2〜3分待つと，さらこなが水分を吸い，泥団子が黒くなってきます。

　少し様子を見て，まだ黒くなるようならもう一度さらこなをまぶします。この過程を4，5回繰り返し，黒くならなくなったら30分程度，粉が落ち着くのを待ちます。写真は泥団子が変形しないことを確認した後，手のひらで包み込み，表面を研磨しながら円を描くように軽く転がしている様子です。こうして，まん丸に輝くような泥団子ができあがっていきます。

　2つの写真を見比べただけでも，いろいろな違いが見つけられたことでしょう。

　保育の場面で子どもの遊びを見る時，次の3つの視点を意識すると幼児理解が進み，具体的な援助や環境の構成，再構成の手がかりが得られます。すなわち，①遊びのテーマ，②遊びの素材，③遊びの技法です。

　写真の2つの遊びですが，「遊びの素材」はどちらも土・泥です。3歳児の遊びのテーマは「クッキング」です。5歳児は「ぴかぴかの泥団子作り」です。遊びのテーマが異なるので，表現，探究する技法も異なってきます。

　3歳児は水を含んで柔らかくなった土（泥）を，スコップでかき集め，お椀に集め，固めて，型を抜く技法で「プリン」を作っています。この様子を見て，もし子どもが「もっと他の形もいろいろと試してみたい」と興味をもつようなら，保育者は，もっといろいろな形ができる容器や型抜きを用意する援助や環境の構成を求められるでしょう。子どもが「泥が柔らかすぎで，思うような形に整わない」と悩んでいるようなら，もう少し堅い泥を探したり，乾いた土を混ぜ合わせたりして水分量を調整する試行錯誤を援助するでしょう。土泥の性質の教材研究や3歳児の発達から考えた遊びの展開を予想しながらも，実際の子どもの様子に合わせて環境の再構成や援助方法を臨機応変に変えていくことが大切です。

　5歳児の泥団子作りは，かなり緻密な工程をたどりながら進めていきます。その工程ごとに技法が異なります。粘土状になるまで練る。泥団子の芯を作る。泥団子の芯土を転がして丸くする。さらこなを泥団子の芯にまぶす。余分についたさらこなを落としながら，またさらこなをまぶすのを4，5回繰り返す。粉が落ち着くのを待つ。手のひらで包み込み，表面を研磨する。保育者は子どもがどの工程でつまずいているのか，どんな援助を求めているのかを把握しながら関わりをもつことが必要とされます。

　ところで，この3つの視点は保育を展開する上でいろいろと応用できます。たとえば，遠足で行った水族館に感動した子どもたちが，水族館をテーマに紙や段ボール，ビニールなどの素材を使って描いたり作ったりする技法で表現して楽しんだとします。子どもたちの水族館での感動はそれだけでは収まらず，その後も図鑑やインターネットを駆使した探究活動によってさらに詳しく調べたり，動きのリアリティを求めて，今度は自分たちが魚や海の生き物になって身体を使って表現したりし始めました。

　やがてこの活動は，園全体を水族館に演出したり，イルカショーの大パフォーマンスをみんなに発表したりする活動へとつながっていきました。この

場合，テーマは同じですが，前の活動の中で深められた様々な子どもたちの知見が，違った素材や技法で発展した例です。紙のように親しみのある素材でも，切る，破る，折る，ねじるなど技法が異なると，表現の味わいも違ってきますし，切るという技法でも，紙やビニールなど異なる素材では必要な配慮点も変わってきます。様々な素材を扱う中で切るという技術も習熟していきますから，活動と教材との関連性だけではなくて，活動と活動，教材と教材との関連性も考えていくことで，子どもの体験の多様性や関連性も図られていくことになります。

4 教材研究を生かした指導案作り

　保育者は教材研究の成果を生かしながら，子どもの実態や指導のねらい，ねらいを達成するための活動の内容を設定して実際の保育にのぞみます。ときには保育者の予想とは異なった展開も見られるでしょう。

　子どもの発想や活動の展開を大切にしながら，遊びを見る3つの視点を働かせて幼児理解を進め，あらかじめ設定したねらいや内容を修正したり，環境を再構成したり，必要な援助をしたりしながら保育を進めていくようにします。次に教材研究を生かした指導案作りの一例を示しますので，いかにしてヒトやモノやコトが絡み合いながら保育が展開されていくのかのダイナミックスを見取ってください。

> **幼稚園　5歳児　9月4日の指導案**

子どもの実態

　夏休みが明けて3日を経た子どもたちの生活に，朝の保育者や友達との出会い，身辺の整理，友達との好きな遊びや，みんなで一緒に取り組む活動などの「静と動」「個と集団」「集中と開放」などのリズムが戻ってきた様子である。そのような生活の中で，次のような姿が顕著になっている。

○テーマパークや遊園地，オリンピック中継など，子どもたちが夏休みに見たり聞いたり体験したりしたことなどを，友達との遊びの中でも表現してみようとしている。ま

た，自分なりに言葉を選んだり整理して話したりするなど，友達や保育者に自分のイメージをわかりやすく伝えようとするようになる。

○自分のしていることだけでなく，友達のしていることにも関心をもって見たりかかわったりするようになり，仕方を教え合ったり，誘い合ったりしながら，協力して遊びを進めていこうとするようになる。また，自分たちの遊びに他の学級の子どもたちにも参加してもらえるように工夫して，誘ったり呼びかけたりするようになる。自分なりの表現や工夫，努力が認められる喜びや，その姿勢を励まされる喜びが，自信のようなものにつながりつつある様子である。

（中略）

ねらい

○藍の叩き染め，「ダンゴムシ遊園地」や色水のレストラン，ファッション＆ダンスショーごっこ，メンコなど，友達と思いや考えを出し合い，試したり工夫したりしながら表現し，遊びを進める楽しさを味わう。

○リレーやサッカー，一輪車など，友達と一緒に戸外でのびのびと身体を動かして遊ぶ。

時間　　　　活動の内容	環境の構成と指導の要点
9：00 ○藍の叩き染めをする。 ・友達と作りたい形について話し合いながら，藍の葉を摘んだり，用具の準備をしたりする。 ・繰り返すうちに，葉がずれないように叩くこつをつかむ。 ・葉脈まではっきり見えるようになるまで叩いたり，葉の並べ方を工夫してデザインしたりする。	○藍の叩き染めで表現するおもしろさを援助する。 ・運動会に使うクラス旗を共同製作するという目的を共有して取り組めるように説明する。 ・叩き染めをする過程で葉の色やデザイン的な美しさや不思議さが感じられるよう，子どもの気づきをもとに，会話しながら進めていく。着色した葉の汁の色が変化する様子に気付いたり，不思議に思ったりできるよう注意を向けていくとともに，見比べられるような配置を工夫する。 ・垂直に金槌で叩くようにしたり，折り目を強くつけて一方の手で布を張るように押さえたりするなど身体感覚でつかめてきたこつを仲間と共有できるように介在するように心がける。
○サッカーをする。 ・友達と誘い合ってメンバーを集める。強いチームを作ろうとしたり，よく似た力関係のチームで接戦を求めたりする。空組の子どもたちとのゲームを進める場合には，相手の動きやルールの理解などについて想像力を働か	○友達と競い合ったり，協力したりして遊ぶ楽しさを共感する。 ・相手に勝つことに関心のある子ども，力のよく似た相手との接戦を望む子ども，蹴ったり走ったりボールを受けたりといった動きに課題をもって，試したり工夫したりする子ども，

・せながら，一緒に活動するようにする。
・走りながらボールを蹴ったり，相手のボールをとったりするなど，動きながらボールをとらえる。正確なキックをしようとする時はボールを止めたり，トラップしたりするなど，相手との距離や状況を考えて動く。
・ハンドやファールなどのルールを意識しながら友達と一緒に遊ぶ。
・自分がテレビや実際の試合で見たプロサッカーチームや有名選手の動きをイメージして，自分もそのつもりになって動く。

・仲間と一緒にいることがうれしい子どもなど，それぞれがどんな気持ちで参加し，動くかをしっかりと見届ける。また，空組の子どもたちとの活動の場面では，相手の力に合わせた配慮や動きの工夫を評価し，一緒に楽しもうとする態度を促していくようにする。
・ボールを足の甲で蹴ったり，サイドキックで正確に蹴ったり，止めたりするには，今，子どもたちが使っている少し柔らかめの革製ボールが適当だと考える。
・「自分はルールを守れる」という気持ちが強くなってきているので，その気持ちや態度を励ましていくようにする。
・ボールを長くもっていると相手にマークされやすいことや，密集したところから離れてチャンスボールが来るのを待つなど，状況を見て（感じて）動こうとする意図に留意しながら，「こうしたらこうなる」「こんな時は……」といった，考えたり予測したりした動きに合わせてパスを送っていく。
・帽子の着用と水分の補給に留意し，天候に合わせて試合時間などを調整していく。

10：00

○ファッションショーやダンスショーに使う衣装や小道具，会場などを作る。
・自分たちでデザインして衣装を作ったり，着飾ったりする。
・冠やアクセサリーなど，友達の表現を参考にしながら，自分なりの工夫を凝らしていく。
・ファッションショーやダンスパーティーをイメージした会場を作る。現在は少しハイソサイエティーな雰囲気を醸し出したいと考えている様子なので，特に，エレガントな歩き方や振る舞い方ができるような積み木や椅子などの配置を考えたり，観客席と舞台の位置関係を考えたりする。
・観客が集まってくれるような案内やアナウンス，受付などを考えて作る。
・友達個々の表現の工夫や特徴を捉えて，アナウンス内容を考えたり，遊びを進行したりする。
・表現しようとするテーマや自分の役柄に合わせた身体表現をしたり，音楽に合わせた動きを工夫したりする。
・リズムや曲想に合った身のこなしやダンスを

○表現のテーマやその方法，衣装や会場などを形づくる素材の選択などといった諸要素を，自分たちなりの工夫を加えて組み合わせたり，作り出したりする過程を援助する。
・子どもたちの表現のテーマをつかみながら，一緒にそれに合った方法や装飾の方法，素材などを探していくようにする。衣装に使う素材については，現在，重ね着して個々の特徴が表現できる薄手の布やショールなどを使っているので，それらを身にまとう，結ぶ，折る，留めるなどの手法やそれがうまくいく工夫が仲間と共有できるように見守り，必要に応じて手伝っていく。
・友達からのコメントなどに加え，鏡や姿見などを使って，自分の表現について評価，修正ができるようにしておく。
・大道具係として演出に協力している男児たちと一緒に教師も一緒に会場設営し，やがて，男児たちとの表現のコラボレーションもできていくように関係をつないでいくようにする。
・子どもたちが考えて作っているポスターや入場チケットなどの工夫や改良点に注目して評

・自分なりに工夫する。

・観客になってくれた友達や教師たちから意見や感想を聞き，表現や演出を自己評価し新たな工夫を凝らす。

価するとともに，年少児組の教師たちと連携しながら，園全体に期待感が盛り上がるように配慮する。

・ファッションショーやダンスパーティーの場面では，ダンスパートナーや主催者，ナレーターなど，教師自身その場に合った役柄を表現し，子どもたちの表現意欲や創意工夫を引き出すように心がける。

・他者からの意見や感想を聞いて，自分たちの表現を見直せる手だてとするよう，コメントについての説明や注釈をつけていくとともに，参観者からのコメントから，さらに身体表現などの工夫を凝らしていけるように支援する。

10：30
○ハイパーメンコを作ったり，友達と対戦したりする。

・友達や保育者と対戦することを意識し，メンコの構造や作り方，使用する素材などを考える。

・「強さ」「たくましさ」「美しさ」「優雅さ」「稀少さ」など，自分なりのこだわりを，恐竜や甲虫，アニメキャラクターなどの絵に託して描く。

・相手のメンコの状態をよく観察して作戦を考えたり，動きを調整したりする。

・自分たちで作ってきたルールを共有したり，新たな発展のために，行き違いやトラブルなどについて話し合ったり，考えたりする。

○子どもたちの試行錯誤の様子や工夫の中身について，深く考察する。

・子どもたちのメンコは，段ボールに粘着テープを巻いただけの構造である。シンプルな素材をシンプルな構造で製作し，ちょっとした工夫でオリジナリティーが表現できるところに，遊誘財[*2]としてみんなに共有されていく秘密があるようだ。また，相手をひっくり返すための方策や，その法則性（力点・支点・作用点の原理を利用する）について探究できるようなものも，一層子どもたちを没入させることに関係している。そこで，自分なりの仮説をもち，それを検証すること，この場合，周りの友達の情報を取り入れたり，それらと照らして自分自身のものを検討したり，整理したり修正したりするなどの知的な試行錯誤のポイントが保育者との応答によって，さらに明瞭になり価値付いていくようにする。

11：20
○ゲームやリズム遊びをする。

その①ゲーム「猛獣狩りにいこう」
・リーダーは，ほかの子どもたちに向かい合う格好で，膝を太鼓に見立てて元気よく叩きながら歌う。

○友達と身体を動かす楽しさを一緒に味わえるよう，また，保育者の動きがモデルになるよう努める。

・子どもたちにわかりやすいように，最初は，保育者がリーダーになって遊ぶ。この時，「ゴ　リ　ラ」と音節をはっきり区切って発音したり，たとえば，「コモロオオトカゲ」

＊2　鳴門教育大学附属幼稚園では，子どもを遊びに誘う魅力ある環境を「遊誘財」と命名して研究しています。その園で子どもたちによって遊び継がれて遊びには必ず魅力ある環境が介在しています。ヒト・モノ・コト・トキ（時間）が織りなす物語，織りなしてきた物語を知ることで，「環境を通して行う教育」の意味や意義が体得できると考えています。

・ほかの子どもは，リーダーをまねていく。 ・一番早く，正確にその動物の名前の音節の数のグループができると，その人たちが次のリーダーになる。 ・動物の名前を構成する音節の数を素早く理解し，同時にその数に応じた仲間作りをする。	（8文字）のようにすごく長い名前を言ったりする例示も子どもたちの興味をそそると考えられる。いずれにするかは子どもたちの様子を見て決める。 ・子どもたちは，自分たちが早くグループを作れるように考えてくると予想されるので，次第に「ゴリラ」の次は「アフリカゾウ」にすると，2グループが合わさるだけでよいなど，倍数や約数を意識し始めるであろう。面白い知的試行錯誤の様子を認め，場合によっては取り上げてみんなに伝えていくようにする。
その②「わっしょい　まつりっこ」 ・みんなで威勢よく踊ったり，声を合わせたりする。 ・保育者や友達との動きの呼応や駆け引きを楽しむ。	・威勢のよいかけ声や力強い動きの表現に留意して，子どもと一緒に踊る。 ・次第に子どもたちのリーダーに任せていき，子どもたちが，歌詞に合った動きや仲間との一体感をもった動きを意識していけるようにする。
その③フォークダンス「エースオブダイヤモンド」 ・手を打つ，まわる，手をつないでスキップするなどの動作をリズムに合わせて行う。 ・友達と一緒にリズミカルに動く楽しさを味わう。	・フレーズごとにメリハリのある動きをするようにし，手を打つ，まわる，手をつないでスキップするなどの動きを強調していく。 ・全体の動きの中では，友達との間隔や自分の位置を考えて動く姿を見ながら，それぞれの人がどのような楽しさを味わっているかに注目する。

保育の反省と評価

○子どもの育ちを捉える視点から

　友達と思いや考えを出し合い，試したり工夫したりしながら表現し，遊びを進める楽しさを味わう様子は，いろいろなスキルを使いながら挑戦する場面で多く見られていた。「ちょっと難しい」こと，「はじめてだけれどやってみたい」気持ちを刺激することが意欲を高めるポイントとなることがわかった。

○自らの保育を捉える視点から

　5歳児たちの製作や表現に関わる活動の「ちょっと難しい」は，かなりレベルが高い。「作ってみる→実際にやってみる→修正や調整する→また，やってみる」という試行錯誤の循環の中で，美しさや強さ，優しさや大きさといった表現テーマのために，技術がより微細に生かされる教材研究が必要だと感じる。

写真12‐4　藍の叩き染め

写真12‐5　メンコ勝負

 まとめ ･････････････････････････････････････

　多種多様な教材について研究するにつれて，「環境を通して行う教育」を基本として「教科書のない教育」を実践する幼児教育の面白さと難しさが感じられたのではないでしょうか。中には，「何から手をつけたらいいの？」と感じた人もいるかもしれません。でも，一番大切なことは，皆さん自身が，いろいろなヒト・モノ・コト・トキに興味や関心をもって観察したり，調べたり，試してみたりすることです。小学校以上の教育は系統的な学習と言われますが，幼児教育は探究的な学習と言われます。つまり，好奇心をもって探究し，その面白さや楽しさや素敵さを子どもたちに伝えることが重要なのです。

 さらに学びたい人のために

○神長美津子・堀越紀香・佐々木晃（編著）『保育内容　環境』光生館，2018年。
　　教材の特性を生かしての環境のデザインの仕方や環境構成の具体例が示されています。また，指導案での表し方や保育の実践事例も豊富です。

○大豆生田啓友・渡邉英則（編著）『保育方法・指導法』ミネルヴァ書房，2020年。
　　個と集団のダイナミックスを生かした保育の展開例や，０歳から６歳までの発達の特徴を捉えた環境構成や指導の方法が具体的に紹介されています。

第13章

保育の基本と保育内容の歴史的変遷

● ● ● 学びのポイント ● ● ●

- 幼稚園教育要領，保育所保育指針，幼保連携型認定こども園教育・保育要領における保育内容の歴史的変遷を学ぶ。
- 幼稚園教育要領，保育所保育指針，幼保連携型認定こども園教育・保育要領における保育内容の歴史的変遷に関わる社会的な背景について学ぶ。
- 幼稚園教育要領，保育所保育指針，幼保連携型認定こども園教育・保育要領の改訂（改定）に込められた思い，保育専門職に期待される事柄について考える。

WORK 園の歴史を知ろう

① ある地域を選んでみましょう（自分の住んでいる地域，かつて住んでいた地域，いつか住んでみたい地域等）。

② 選んだ地域の幼稚園，保育所，認定こども園のホームページなどを見て，創立年等の沿革や，一日の流れなど，保育の内容等を，調べてみましょう。

③ 選んだ地域に一番近い，100年以上の歴史のある園も探してみましょう。ホームページなどを見て，創立年等の沿革や，一日の流れなど保育の内容等を調べてみましょう。創立当時の時代背景，人口動態，社会的なできごとについて，調べてみましょう。

④ グループでそれぞれが調べてきた内容を共有し，比較しましょう。

● 導　入 ● ● ● ● ● ● ● ● ●

　本章では，日本の保育内容に関わる歴史的変遷について学びます。明治維新以降，最初の教育制度である学制において，すでに保育施設の構想がなされていました。また1875（明治 8 ）年にはすでに小学校に幼稚遊嬉場という園が附設されており，保育内容についての検討や工夫がなされていました。後に日本各地での保育施設の浸透につながっていったのは，東京女子師範学校附属幼稚園での実践です。同附属幼稚園では，保育内容の検討が進められていきました。これらの基盤があって，保育内容に関わる法整備が進められました。

　戦後の幼稚園と保育所，家庭をも範疇に入れた包括的な手引きが1948（昭和23）年にあらわされた「保育要領──幼児教育の手引き」です。その後，園と対象を特化して，幼稚園教育要領や，保育所保育指針が，時代の背景を踏まえて改訂（改定）を続け，今日にいたります。

● ● ● ● ● ● ● ●

1 日本の保育の歴史と保育内容

1 　保育施設の開設へのあゆみ

①学制における幼稚小学

　日本の近代的な教育制度を定めた法律である学制が1872（明治 5 ）年に制定されました。学制とは，学校や教員養成等の基本的な教育制度の構想を示したものです。この最初の構想において，すでに幼児期の教育の制度についての言及がなされていました。学制の第22章では「幼稚小学ハ男女ノ子弟六歳迄ノモノ小学ニ入ル前ノ端緒ヲ教ルナリ」と記載されています。つまり，日本の教育制度づくりの最初の時期から，「幼稚小学」という名称で，幼児教育が規定され，小学校との関係性で規定されていました。なお，当時は，小学校の開設や制度づくりに重点が置かれ，幼児教育の制度づくりは構想にとどまり園も実際には設立されませんでした。実際の制度化は，後の，1879（明治12）年の教育令の公布の時になされることとなります。

②幼稚遊嬉場

　実際に最初の幼児教育の施設といわれているのは，学制の構想から３年後である1875（明治８）年に，京都上京第30区第27番組小学校（のちの柳池小学校）に付設された，「幼稚遊嬉場」です。これは，学制が構想していた幼稚小学として位置付けられたものではなく，フレーベルによるドイツの幼稚園の影響を受けて，地域で設立されたものといわれています。しかし，実際の理解の浸透や運営は厳しい状況となり，１年半で閉じられました。

　開設の折には，そのねらいや教育方法等が記された，「幼稚遊嬉場概則」（1875年）が頒布されました。そこでは，幼児の養護や保護，また，玩具を用いた遊びによる育ちの援助がめざされていました。「誘導」ということばも使われていました。用いる玩具としては，積み木や，絵や言葉が書かれた木版等についての記載がなされていました。[*1]

③保育施設の開設に向けた議論

　保育施設の開設についての議論は，各地でみられました。たとえば，岩倉使節団に随行した田中不二磨は，1875（明治８）年７月に幼稚園の設置を提言した「幼稚園開設之儀伺」を提出し，９月に許可を得ました。

　地域では，教育制度づくりの在り方を話し合う教育会議が開催されていましたが，たとえば，1896（明治２）年に開催された第一大学区第一回教育会議においては，栃木県によって，保育施設である「幼稚院」についての提案がなされました。議論のプロセスでは，より包括的な機関としての保育施設の構想や，小学校附設とする教育施設としての園の構想等が議論されています。それらを踏まえて，「幼稚院」の建議案は可決されました。

　なお，同第二回会議（1877年）では，「幼稚園」，第三回（1878年）では「変則幼稚園」といった保育施設についても，提案がなされ，議論が進められました。各地域において保育施設の開設が議論されていたことがうかがえます。

＊１　湯川嘉津美「明治初期における幼稚遊嬉場・幼稚院の構想と展開——簡易幼稚園の系譜」『上智大学教育学論集』（48），2014年，pp. 15-27。

2　東京女子師範学校附属幼稚園

　1876（明治 9）年に，日本最初の官立幼稚園である，「東京女子師範学校附属幼稚園」が開設されました。フレーベルの著書の翻訳等も行った関信三が初代監事（園長）として，フレーベルの幼児教育の理論と実践を学んだ松野クララが首席保母として就任しました。保育のねらいや内容については，1876（明治 9）年に仮定版の東京女子師範学校の幼稚園規則が著され，1877（明治10）年に幼稚園規則が示されました（なお，1877年については，1876年に仮定されものの改訂との記録もあります）。

　1877（明治10）年の幼稚園規則では，対象は 3 歳児（小児満 3 年以上 4 歳以下），4 歳児，5 歳児でしたが，満 2 歳以上の入園や，満 6 歳以上の在園も状況に応じて可能となっていました。それぞれの「保育時間表」が策定されていました。保育時間もおおむね 4 時間とされており，定員は約150人とされていました。

　幼稚園規則で定められていた保育科目は「物品科」「美麗科」「知識科」でした（なお，1876年の仮定版では，「遊戯」「運動」「談話」「唱歌」「開誘」）。

　なお，幼稚園規則は，その後，何度も改訂がなされていくことになります。用語について「遊戯」が「遊嬉」，「小児」が「幼稚」等の変化もみられました。保育関係者が，幼児教育の内容について，実践を積み重ねながら，議論を進めながら創意工夫し，発展させていったことがうかがえます。

3　教育令

　法令に基づき，正式な名称として「幼稚園」の使用が開始されたのは，1879（明治12）年の教育令からとなります。以降，「幼稚園」は，公立も私立もすべて，文部卿（つまり文部大臣）の監督下におかれることになりました。なお公立の幼稚園については，設置や廃止，保育方法については，公立幼稚園は府知事県令の許可を経ること，私立幼稚園は府知事県令に開申することに，つまり，告げて伝えることになりました。

　後に幼稚園についての法的規定は，さらに充実し，1881（明治14）年には，

文部省が，「府県立学校幼稚園書籍館等設置廃止規則」を定めました。設置や廃止について，細かい内容が加えられました。たとえば，幼稚園を設置する時には，目的や内容，保育時間，開始終了時間，休日，園児数等の基礎的なことに加えて，より多くの内容を含めた書類を提出することになりました。保育者については，「職務心得」等倫理に関わることや，配置，処遇，学歴を記載した書類の提出が求められました。保育の質については，遊具，敷地建物の略図や広さ，細目を含めた経費に関わる収支についての書類の提出を添えることとされました。

　以降，幼稚園の普及は急速に進みました。実際に，1880（明治13）年には5園，園児426人（国立1園105人，公立3園311人，私立1園10人）であったのに，1885（明治18）年には30園，園児1893人（国立1園167人，公立21園1453人，私立8園273人）に増えました。さらに幼稚園数は伸び，後に1909（明治42）年には443園（私立234園，国公立209園）となり，私立幼稚園数が国公立幼稚園数を上回りました。

4　幼稚園保育及設備規定

　幼稚園の普及が進み，幼稚園に特化した法整備の充実が，保育者専門組織の研究大会や保育者大会において，提案されるようになりました。実際に1899（明治32）年に幼稚園保育及設備規定が公布され，幼稚園の編制，組織，保育項目等が規定されました。これは日本で初めての幼稚園に特化した規定です。保育内容については，幼児保育項目が，「遊嬉」「唱歌」「談話」「手技」とされました。

5　幼稚園令（勅令）

　1926（大正15・昭和元）年に勅令としての幼稚園令が制定されることになりました。同じくして幼稚園令施行規則が制定されることになりました。

　幼稚園令施行規則に定められた保育の内容は，「遊戯」「唱歌」「談話」「手

技」「観察」等とされました。これまでの幼児保育の 4 項目に「観察」が加わりました。幼児理解の深化を深め，個々の子どもに対応する現在の保育につながる内容に関わる規定であると思われます。また「等」という語が加えられました。ここから小学校以降の教科教育における内容の厳密さと比較して，保育内容においては，自由さが表されており，これも現在の保育につながるものであると考えます。

2　保育の制度化と保育内容の変遷

1　「保育要領──幼児教育の手引き」（1948年）

①保育要領の刊行の背景

戦後，新たに保育の制度化が進められていきました。教育全体としては，1947（昭和22）年に学校教育法が制定され，同年に学校教育法施行規則も制定されます。これと関連づけて，学校体系の一環として，幼稚園が位置づけられ，法制度の整備が進んでいくことになりました。保母の名称も教諭となり，免許状・資格等も原則が教諭の体系上のものとなりました。

同じく1947（昭和22）年には，児童福祉法も制定されました。そして，これに基づき保育所が発足しました。

制度としては，学校として幼稚園が，児童福祉施設として保育所が位置づけられることになりました。以降，幼稚園は学校教育を行うことを目的とし，保育所は「保育に欠けるその乳児又は幼児を保育することを目的とする施設」と位置づけられました。対象も，原則，保育所は，満 1 歳に満たない乳児から小学校就学の始期に達するまでの幼児と規定されました。

②「保育要領──幼児教育の手引き」（1948年）の概要と保育内容

保育の内容に関する基準の必要性が高まり，保育内容に関する調査や検討がなされていきました。それらを踏まえて，1948（昭和23）年に幼稚園，保育所，家庭保育の手引きとして，保育要領が，文部省により刊行されました。その構成は，「 1 ．まえがき」「 2 ．幼児期の発達特質」「 3 ．幼児の生活指導」「 4 ．

幼児の生活環境」「5．幼児の一日の生活」「6．幼児の保育内容——楽しい幼児の経験」「7．家庭と幼稚園」からなっています。まず注目したいのは，「1．まえがき」においては，保育所・託児所をはじめ，いろいろな幼児のための施設が存在することが指摘されており，そのいずれにおいても，教育的な配慮や方法が不可欠であることが明示されていることです。「5．幼児の一日の生活」についても，幼稚園の場合，保育園の場合，家庭の場合等に分けて記されています。

　教育的な配慮や方法に基づき，幼児期に大切にしたい経験として，12項目の保育内容（①見学，②リズム，③休憩，④自由遊び，⑤音楽，⑥お話，⑦絵画，⑧製作，⑨自然観察，⑩ごっこ遊び，劇遊び，人形芝居，⑪健康保育，⑫年中行事）が，示されています。

③幼稚園に特化した保育内容の基準づくり

　保育要領（1948年）は，幼稚園のみを対象とした保育内容の基準を示したものではありませんでした。そこで，実際の幼稚園において保育実践を行う上で幼児の育ちや学びのプロセスを全体的に把握し，継続的に記録して，活用できるように，文部省は，幼児指導要録（1951年）の様式を，通達として示しました。幼児指導要録は，園長の責任において，編成し，整備しておかなければならないものとされました。幼児教育の内容事項としては，身体の状況や，健康の習慣，しごとの習慣，社会生活，自然，言語，音楽リズム，絵画制作があげられました。そして，各事項について評価の観点が示されました。

　幼稚園を新設する場合の基準についても，保育要領における例に加えて，より明確なものが，幼稚園を新設しようとする設置者からも，設置を認可する各地の行政からも，必要とされるようになりました。基準を設置することにより，質の維持や向上を図ることがめざされ，1952（昭和27）年に文部省においては，幼稚園の施設，設備，編制に関する「幼稚園基準」が事務次官通達として発出されました。

2　保育指針（1952年）

①保育指針の刊行の背景

1947（昭和22）年の児童福祉法の制定に続き，1948（昭和23）年には，児童福祉施設最低基準が定められました。保育所は児童福祉施設の一つとして，設置が認可されることになりました。

同基準では，保育時間は1日8時間を原則とすることが示されました。また，保育の内容については，健康状態の観察，服装等の以上の有無についての検査，自由遊び，昼寝，健康診断，について記されています。さらに，1949（昭和24）年には保育所運営要綱が，1950（昭和25）年には保育所運営要領が示され，整備が進んでいきました。

②保育指針の概要と保育内容

保育所は児童福祉の体系の中にあり，児童福祉法の理念，つまり，すべての児童の健全な育成及び福祉の積極的増進を目指した施設です。1952（昭和27）年に児童福祉の施設について，保育指針が刊行されました。その構成は「1．保育の目標と原理」「2．生活の環境とその整備」「3．身体とその機能の発達」「4．精神の発達」「5．生活指導」「6．保育計画」「7．保育の実際におこる問題」からなっています。このうち「2．生活の環境とその整備」では，家庭と，保育所，養護施設の三者のそれぞれにおける場合について記されており，すべての子どものウェルビーイングが対象となっていることがわかります。

保育指針は，家庭と，保育所，養護施設が対象となっていますが，その内容についても，児童の地域や家庭，児童自身の実態をつかみ，保育内容を決めることとされており，生活指導や，保健指導，家庭の指導等が含まれています。

誕生から18歳までの児童を対象とした福祉的指針である保育指針は，乳幼児を対象とする保育所における指針としても位置づけられました。しかし，幼稚園との関係性が問われ，一元化の議論もみられるようになりました。のちにそれを受けて，各都道府県知事あて文部省初等中等教育・厚生省児童局長連名通達として，「幼稚園と保育所との関係について」が1963（昭和38）年に示されることになります。

3 要領・指針の刊行の背景と保育内容の変遷

1 幼稚園教育要領（1956年）

1956（昭和31）年に刊行された幼稚園教育要領は，先に保育内容の基準として示した「保育要領——幼児教育の手引き」（1948年）を踏まえて改訂されました。この間，幼稚園が日本全国に広がっていったという背景があります。『幼稚園教育百年史』によると1948年から1956年の間，園数は4倍，幼児数は3.3倍となっています。[*2]

1947（昭和22）年の学校教育法によって学校として幼稚園は位置づけられましたが，先にも述べたように「保育要領——幼児教育の手引き」は，幼稚園のみならず，保育所や家庭保育についての手引きでもありました。よって，学校教育法に規定されている学校としての幼稚園については，学校教育法と同じ年に定められた，学校教育法施行規則にある，小学校の学習指導要領に関する条文を準用する状況となっていました。法体系上，小学校学習指導要領の位置づけと同じものを刊行する方向となり，実際に，教材等調査研究会幼稚園小委員会の審議を経て，保育要領を改訂したものとして，幼稚園教育要領が刊行されることになりました。

幼稚園教育要領としての改訂の要点は，幼稚園の保育内容について，小学校との一貫性を持たせることと，幼稚園教育の目標を具体化し，指導計画の作成の上で役だつようにすること，幼稚園教育における指導上の留意点を明らかに示すこと，とされました。要領により，幼稚園教育の目的や目標が示され，教育課程や教育方法に関する基準が示されることになりました。

幼稚園教育要領の構成は，「まえがき」「第Ⅰ章　幼稚園教育の目的」「第Ⅱ章　幼稚園教育の内容」「第Ⅲ章　指導計画の作成とその運営」からなっています。特に幼稚園教育の内容としては，「1．健康」「2．社会」「3．自然」

---

*2　文部省編『幼稚園教育百年史』ひかりのくに，1979年。

「4．言語」「5．音楽リズム」「6．絵画製作」の 6 領域が示されました。また，この領域それぞれについて，幼児の発達上の特質と，それぞれの内容領域において予想される「望ましい経験」が明示されました。

2　幼稚園教育要領（1964年）

　1963（昭和38）年 9 月，教育課程審議会において「幼稚園教育課程の改善」が諮問されました。そして，幼稚園の教育は小学校の準備教育ではないことや，知識や技能の習得に偏った教育は改めることが議論されました。また，家庭との連携を図ることなどについても議論されました。これらを踏まえて，幼稚園教育要領は改訂されることになりました。

　1964（昭和39）年には「学校教育法施行規則等の一部を改正する省令」が公布され，幼稚園における教育課程の基準は，1964（昭和39）年に改訂され，文部省告示として公示された幼稚園教育要領によることが明確に示されることとなりました。つまり幼稚園における教育課程の基準として，幼稚園教育要領が告示として位置づけられ，教育内容の基準が明確に示されました。

　幼稚園の教育は，小学校の準備教育ではなく，独自の教育であることを踏まえて改訂された要領では，幼児に必要な養護や世話，自主的で自発的な活動の促進，幼児の心身の発達の実態を踏まえ個人差に応じること，幼児の生活経験に即した総合的な指導を行うこと等が示されています。また，家庭との連携に関しても言及されています。

　告示として位置づけられた幼稚園教育要領を拠り所とし，幼稚園独自の教育がそれぞれの園で具体的に展開していくように，幼稚園では，教育課程を編成し，また，指導計画を作成することになりました。実践現場においての理解が浸透していくことをめざして，幼稚園教育指導書も作成されました。

3　保育所保育指針（1965年）

　先に紹介した「幼稚園と保育所との関係について」（1963年）に基づき，園種

により管轄が異なっていても，保育の内容については，3歳以上について共通化されることが前提とされました。そのため，幼稚園教育要領の1年後に保育所保育指針が刊行されることになりました。

1965（昭和40）年に刊行された保育所保育指針では，3歳以上児については，幼稚園教育要領との整合性が図られましたが，3歳未満児の保育についても丁寧な保育内容の検討がなされました。当時は高度経済成長に向かい，核家族化も進み，乳児保育や長時間保育のニーズが高くなっていました。実際に1966（昭和41）年には，保育所緊急5か年計画が示されています。

保育所保育指針は，法的拘束力のある告示ではなく，刊行されたものでしたが，保育所に特化した実践のガイドラインと位置づけられました。その構成は11章からなる膨大なものでした。

第1章は総則，第2章は子どもの発達上の特性です。第3章から第9章はそれぞれ年齢区分別の保育内容が記載されています。第3章は，1歳3か月未満児の保育内容，第4章は，1歳3か月以上2歳までの保育内容，第5章から第9章は2歳以降の年齢ごとに保育内容が示されています。それぞれの年齢区分ごとに，4つの項目（発達上のおもな特徴，保育のねらい，のぞましいおもな活動，指導上の留意事項）が記載されています。なお，領域については，1歳3か月未満児と1歳3か月以上2歳未満児については，生活・遊びの2領域となっています。2歳は，健康・社会・遊びの3領域で，3歳は，健康・社会・言語・遊びの4領域となっています。4歳と5歳と6歳については，健康・社会・言語・自然・音楽・造形の6領域となっていて，幼稚園との整合性がはかられています。第10章は指導計画作成上の留意事項で，第11章は保健，安全管理上の留意事項が示されています。

4 要領・指針の改訂（改定）の背景と保育内容の変遷

1 幼稚園教育要領（告示）（1989年）

1970年代の前半は，第二次ベビーブームともいわれ，年間200万の子どもが

生まれていた時代でした。その世代が成人する頃は、経済発展が著しく、バブル経済期ともいわれた時代でした。幼稚園教育要領が改訂された1989（平成元）年は、そのベビーブーム世代が成人に近くなる時期でした。また1985（昭和60）年に男女雇用機会均等法も成立しており、当時、保育ニーズはますます高くなり、かつ乳児保育や長時間保育、特別な支援を必要とする子どもの保育等多様化が進みました。なお、1989（昭和64・平成元）年は合計特殊出生率が1.57となり少子化がその後進んでいくことになります。子どもの産み育てやすい社会づくりが意識されるようになっていきます。加えて、国際化や、情報化、多様化、人工知能化等がすすみ、それを踏まえて子どもをいかに育んでいくのかが議論となっていました。

たとえば1984（昭和59）年に内閣直属の組織として発足した臨時教育審議会（臨教審）では、これからの教育の課題として、①個性重視、②基礎・基本の重視、③創造性・考える力・表現力の育成、④選択の機会の拡大、⑤教育環境の人間化、⑥生涯学習体系への移行、⑦国際化への対応、⑧情報化への対応をあげています。幼児教育においても、一人一人を大切にした保育の大切さが確認され、生きる力の基礎づくりや、心情・意欲・態度の育成、人間らしさの教育、自然との関わりや実体験の大切さ等が意識されることになりました。

実際に、1989（平成元）年に改訂された幼稚園教育要領では、幼稚園教育の独自性と基本が明白に示されました。幼児期が生涯にわたる人格形成の基礎を培う時期であることを踏まえ、幼児教育の基本に基づくものであると明記されました。

さらに小学校以降の教育との明確な違いについての理解がしっかりと浸透するように、領域が教科とは異なるものであること、活動の側面ではなく子どもの発達を踏まえた、つまり発達の側面から設けられたものが領域であることが示されています。

そのため保育内容は、6領域から、健康（心身の健康に関する領域）、人間関係（人とのかかわりに関する領域）、環境（身近な環境とのかかわりに関する領域）、言葉（言葉の獲得に関する領域）、表現（感性や表現に関する領域）の5領域となりました。そして、各領域に「ねらい」と「内容」が示されました。

「ねらい」とは幼稚園修了までに育つことが期待される，心情・意欲・態度などであるとされ，「内容」とは「ねらい」を達成するために指導する事項とされています。改訂される前の要領では，「望ましいねらい」が137項目ありましたが，1989（平成元）年改訂の要領では，「ねらい」が15項目，「内容」が47項目となりました。小学校における教科教育と異なり，環境を通して，総合的な指導を行う幼児教育の特性がより明確になったと考えます。

2 保育所保育指針（通知）（1990年）

1989（平成元）年の幼稚園教育要領の改訂の1年後に，保育所保育指針の改訂が通達されました。保育ニーズの高まりから，さらに乳児保育や，長時間保育，休日保育等の多様な保育が展開していくことになります。実際，改訂前の指針では，第3章から第9章はそれぞれ年齢区分別の保育内容が記載されており，第3章は1歳3か月未満児の保育内容が記載されていましたが，改訂された指針では第3章は6か月未満児の保育の内容となり，第4章が6か月以上1歳3か月未満児の保育の内容となりました。年齢区分ごとの記載が第3章から第10章となり，1章分増えました。乳児保育の拡大とそれへの対応がなされたものと考えます。

保育の内容は，以前同様，年齢区分ごとに，4つの項目からなりますが，項目の名称は「指導上の留意事項」から「配慮事項」に変わりました。

保健，安全管理上の留意事項の章についても，章のタイトルが，健康・安全に関する留意事項に変わりました。章内の項目も，細分化され，新たな内容も含められて，たとえば，障害児に対する保育や，家庭，地域との連携等の項目が設けられるなど，2つから8つに増え，充実が図られました。

実際の計画にあたっては，「指導計画作成の留意事項」から「保育の計画作成上の留意事項」となりました。保育において園で一貫した目的や，方法，保育目標を示すことで，園全体での共通認識を図り，それに基づいた計画性を重視すること，つまり，保育の計画に基づいて，長期・短期等，より詳細な指導計画を作成することが明確になりました。

3　幼稚園教育要領（告示）（1998年）

　少子化の進行と子育て支援のニーズが拡大し，国は，省庁の管轄を超えて一体的に子育て支援施策の在り方を模索し「今後の子育て支援のための施策の基本的方向について」（エンゼルプラン）を1994（平成 6）年に策定しました（なお，その後も少子化はとまらず，新エンゼルプラン（1999年），子ども・子育て応援プラン（2004年），子ども・子育てビジョン（2010年），子育て安心プラン（2017年），新子育て安心プラン（2020年）等の施策が展開しています）。

　保育の内容については，文部科学大臣の諮問に応じて，教育課程に関する調査や研究，審議をし，結果を大臣に答申する教育課程審議会の1998（平成10）年の答申では，「心を育てる場としての幼稚園・保育所の役割の見直し」や，「自然体験活動プログラムの提供」等が議論されました。その結果「生きる力」の基礎を育む幼稚園教育への期待も高まることになりました。

　それらを踏まえて1998（平成10）年に告示された幼稚園教育要領では，5 領域はそのままで，新たな教育的課題に関する事項が加筆され，地域の子育て支援センターとしての機能を果たすように努めることが期待され，預かり保育（教育課程に関わる教育時間の終了後における教育活動）の整備が望まれることとなりました。

4　保育所保育指針（通知）（1999年）

　1989年に子どもの権利条約が国連で採択され，日本は1994（平成 6）年に批准しました。子どもの権利に関しての認識が社会に広がっていったと思われます。1999（平成11）年通知の改訂された保育所保育指針においても，総則に「乳幼児の最善の利益を考慮」することや文化の多様性や，性差，守秘等，人権への配慮が具体的に記載されました。また，第12章の健康・安全に関する留意事項でも虐待などへの対応が新たな項目として設けられました。

　保育の内容については，項目が細分化され，年齢区分ではなく，発達過程区分と記載され，プロセスを重視する方向性が示されました。また，各発達過程

区分の記載内容には，保育士の姿勢と関わりの視点についても項目が増えました。保育専門職の名称は，1999（平成11）年の児童福祉法施行令の改正により「保育士」に変更され，資格が法定化されました（なお，2003年には，名称独占資格として規定）。改訂後の指針においては職員の連携が期待され，家庭や地域との連携，小学校との関係等，保育者が果たす機能に関する記載が充実し，障害のある子ども，長時間保育，地域活動等の内容も充実しました。第13章として保育所における子育て支援及び職員の研修という新たな章も設けられており，時代のニーズに応じて改訂された様子がうかがえます。

5 　幼稚園教育要領，保育所保育指針（告示）（2008年）

　2006（平成18）年には教育基本法が，2007（平成19）年には学校教育基本法が大幅に改正されました。教育基本法の第11条では，幼児期の教育が新設されました。また，学校教育法においいは，5つの具体的な幼稚園の教育目標が定められました。それらを踏まえて，2008（平成20）年に幼稚園教育要領が改訂されました。

　幼稚園教育の基本や，5領域等の大きな枠組みは大切にされつつ，社会的背景を踏まえて，食育とかかわる内容や，やり遂げようとする気持ち，協同的な遊びと育ち，思考力や判断力の育ち，規範意識の芽生え，伝えたい気持ちと聞きたい気持ちの育ち，プロセスを大切にした自己表現を楽しむこと等についての充実が図られました。また，第3章のタイトルは，大幅に変更され，指導計画作成上の留意事項から，指導計画及び教育課程に関わる教育時間の終了後等に行う教育活動などの留意事項となりました。これは，育児不安の広がりや，家庭との連携，子育て支援の必要性といった時代のニーズを反映させ，充実させたものであると考えます。

　これまで，幼稚園教育要領の改訂を経て，それとの整合性を図りつつ翌年に保育所保育指針が改訂されていました。しかし2008（平成20）年には，同時にしかも指針も要領と同じく法的拘束力のある最低基準としての大臣による告示（以前は局長通知）となり，大きな変化を伴う改定がなされました。

　指針が告示化されることにより，内容は大綱化されることになりました。大綱とは，基本的な方針や枠組み等を定めたものであり，大綱化された指針も13章から7章となりました。それに伴い保育所保育指針の解説書も作成されました。児童福祉施設最低基準第35条の保育所における保育の内容では，養護及び教育を一体的に行うことをその特徴とすることが明示されました。内容を大臣が定めることも明示されました。

　保育の内容については，発達をプロセスとして捉えることや，一人一人の発達過程が重視され，「おおむね〇〇歳」という表現になりました。「保育の計画」は，全体的な「保育計画」と具体的な「指導計画」からなるとされていましたが，わかりやすいように，全体的な保育計画については，「保育課程」という語が用いられました。保育課程を踏まえ，それぞれの指導計画や食育計画を作成することや，他職種との連携，特に小学校との接続については，保育所児童保育要録を作成送付することになりました。そもそも学校間では幼稚園から小学校，小学校から中学校，中学校から高等学校へと，指導要録の写しまたは抄本を送付することになっています。それとの整合性が図られたといえます。

　改定された指針では，職員の資質向上と関わり，保育実践や保育内容に関しての職員の共通理解の醸成と，協働性を高めていくことの大切さが明記されました。施設長の責務が明記され，研修の体系化や，保育者の倫理観の大切さ，責任の理解や自覚が明記されました。

　指針と要領がいずれも告示として同時に改訂（改定）された背景には，幼保一体化も動きがあると考えます。保育の内容については，すでに整合性が図られてきましたが，さらなる少子化対策や子育て支援の推進のため，総合施設の設置も進められてきました。就学前の子どもに関する教育，保育等の総合的な提供の推進に関する法律（2006年），子ども・子育て支援法（2012年）の成立等を経て，2014（平成26）年には，幼保連携型認定こども園教育・保育要領が告示されました。これは要領と指針の内容を踏まえて作成されたものです。

6 　幼稚園教育要領，保育所保育指針，幼保連携型認定こども園教育・保育要領（告示）（2017年）

　現行の幼稚園教育要領，保育所保育指針，幼保連携型認定こども園教育・保育要領は，2017（平成29）年に告示されました。5領域のねらいについては，子どもに育みたい3つの資質・能力つまり，①個別の知識や技能の基礎，②思考力・判断力・表現力等の基礎，③学びに向かう力，人間性等が示されました。幼児の生活する姿から捉えた資質・能力の育ちについて，5領域のねらい及び内容に基づく活動全体を通してはぐくまれていく姿を具体的に説明したものが，幼児期の終わりまでに育ってほしい姿として整理して示されました。なお，現行の要領や指針については，第2章その他の部分を参照されてください。

 まとめ ･･

　この章では，これまでの要領や指針における保育内容の歴史的変遷について学びました。要領や指針は，子どもと家庭をめぐる社会状況の変化に応答しながら，また子どもの権利保障の歩みを進めながら，改訂（改定）されてきました。変遷においては，保育の内容や方法についての独自性がより明確に示されていく様子や，実践現場に浸透していくプロセス，すべての子どもの最善の利益がめざされていく歩みがうかがえます。

　要領や指針が実践のよりどころとなり，保育者自身が目の前の子どもの理解を深め，保育の内容をしなやかに考えていくことが可能となると考えます。

･･

 さらに学びたい人のために

○大豆生田啓友（選）『倉橋惣三を旅する　小さな太陽』フレーベル館，2017年。

○大豆生田啓友（編著）『倉橋惣三を旅する　21世紀型保育の探求』フレーベル館，2017年。

　東京女子師範大学附属幼稚園長を務め，今日の日本の保育の礎をつくったイデオローグの一人である倉橋惣三の子ども観や保育観を知ることができる良書です。多くの写真や言葉とともに考え，今日そして未来の保育を探求する契機

が得られる，現在と歴史のつながりを感じることができる2冊です。

○全国保育士会「社会の変化に対応した保育内容等に関する特別委員会『中間の
　とりまとめ』について」全国社会福祉協議会全国保育士会，2023年。
　　社会の変化に対応した保育内容等を考えるきっかけとなります。保育所保育
　指針と保育実践における実際の内容を照らし合わせた現状が丁寧にかつ具体的
　に整理されています。社会的背景や保育現実と保育内容の関係性を考える上で
　活用可能な貴重な資料といえます。

参考文献

厚生省『保育所保育指針』フレーベル館，1965年。

厚生省『保育所保育指針』フレーベル館，1990年。

厚生省『保育所保育指針』フレーベル館，1999年。

厚生労働省『保育所保育指針』フレーベル館，2008年。

厚生労働省『保育所保育指針』フレーベル館，2017年。

文部省『幼稚園教育要領』フレーベル館，1956年。

文部省『幼稚園教育要領』フレーベル館，1964年。

文部省『幼稚園教育要領』フレーベル館，1989年。

文部省『幼稚園教育要領』フレーベル館，1998年。

文部科学省『幼稚園教育要領』フレーベル館，2008年。

文部科学省『幼稚園教育要領』フレーベル館，2017年。

文部省編『幼稚園教育百年史』ひかりのくに，1979年。

湯川嘉津美『日本幼稚園成立史の研究』風間書房，2001年。

湯川嘉津美「明治初期における幼稚遊嬉場・幼稚院の構想と展開――簡易幼稚園の系
　譜」『上智大学教育学論集』(48)，2014年，pp. 15-27。

増田まゆみ・北野幸子「変遷から読み解く保育所保育指針とこれからの保育実践」
　（『保育の友』全国社会福祉協議会，2023年6月号から1年間の連載）。

《監修者紹介》

汐見稔幸（しおみ　としゆき）
　　現　在　東京大学名誉教授。

大豆生田啓友（おおまめうだ　ひろとも）
　　現　在　玉川大学教授。

《執筆者紹介》（執筆順，担当章）

大豆生田啓友（おおまめうだ　ひろとも）はじめに，第1章
　　編著者紹介参照。

砂上史子（すながみ　ふみこ）第2章
　　編著者紹介参照。

田中幸（たなか　みゆき）第3章
　　現　在　千葉大学教育学部附属幼稚園教諭。
　　主　著　『子どもの文化演習ブック』（共著）ミネルヴァ書房，2022年。
　　　　　　『流れがわかる幼稚園・保育所実習——発達年齢，季節や場所に合った指導案を
　　　　　　考えよう』（共著）萌文書林，2015年。

堀昌浩（ほり　まさひろ）第4章
　　現　在　認定こども園さくら園長。

安達かえで（あだち　かえで）第5章
　　現　在　学校法人ひじり学園せんりひじり幼稚園・ひじりにじいろ保育園副園長。
　　主　著　『採用と育成の好循環を生み出す園長の仕事術——子ども主体の保育を実現する
　　　　　　リーダーシップ』（共著）中央法規出版，2020年。
　　　　　　『子どもに至る——保育者主導保育からのビフォー＆アフターと同僚性』（共著）
　　　　　　ひとなる書房，2016年。

西井宏之（にしい　ひろゆき）第6章
　　現　在　白梅学園大学附属白梅幼稚園教諭。
　　主　著　『エピソードから楽しく学ぼう人間関係』（共著）創成社，2020年。
　　　　　　『あそびの中で子どもは育つ——実践例だからわかりやすい！保育のキーワード』
　　　　　　（共著）世界文化社，2018年。

和田美香（わだ　みか）第7章
　　現　在　東京家政学院大学教授。
　　主　著　『子どもの理解と援助』（共著）北大路書房，2021年。
　　　　　　『0・1・2歳児　子どもの姿ベースの指導計画』（共著）フレーベル館，2019年。

田中孝尚（たなか　たかなお）第8章
　現　在　神戸大学附属幼稚園園長・副園長，神戸大学附属小学校校長。
　主　著　『保育の計画と評価』（共著）北大路書房，2021年。
　　　　　『幼児期の終わりまでに育ってほしい10の姿』（共著）東洋館出版社，2018年。

虫明淑子（むしあけ　よしこ）第9章
　現　在　北陸学院大学教授。
　主　著　『10の姿プラス5・実践解説書──「幼児期の終わりまでに育ってほしい姿」〈10の姿〉と重要事項〈プラス5〉を見える化！』（共著）ひかりのくに，2018年。
　　　　　『発達154──保育の場から考える新指針・新要領』（共著）ミネルヴァ書房，2018年。

寶來生志子（ほうらい　きしこ）第10章
　現　在　東海大学准教授。
　主　著　『実践・小学校生活科指導法』（共著）学文社，2024年。
　　　　　『小学1年スタートカリキュラム＆活動アイデア──育ちと学びを豊かにつなぐ』（共著）明治図書，2020年。

瀬沼幹太（せぬま　かんた）第11章
　現　在　鳩の森愛の詩瀬谷保育園施設長。

佐々木晃（ささき　あきら）第12章
　現　在　鳴門教育大学大学院教授。
　主　著　『領域「人間関係」──乳幼児期にふさわしい生活で育む』（共編著）ミネルヴァ書房，2024年。
　　　　　『0〜5歳児の非認知的能力──事例でわかる！社会情動的スキルを育む保育』（単著）チャイルド本社，2018年。

北野幸子（きたの　さちこ）第13章
　編著者紹介参照。

《事例協力者紹介》（第8章／神戸大学附属幼稚園）

小園佳歩（こぞの　かほ）

久保裕（くぼ　ゆたか）

浅原麻美（あさはら　あさみ）

吉田紘子（よしだ　ひろこ）

《編著者紹介》

大豆生田啓友（おおまめうだ　ひろとも）
　現　在　玉川大学教授。
　主　著　『あそびから学びが生まれる動的環境デザイン』（編著）学研教育みらい，2018年。
　　　　　『子育てを元気にすることば』（単著）エイデル研究所，2017年。

北野幸子（きたの　さちこ）
　現　在　神戸大学大学院教授。
　主　著　『地域発・実践現場から考えるこれからの保育——質の維持・向上を目指して』
　　　　　（単著）わかば社，2021年。

砂上史子（すながみ　ふみこ）
　現　在　千葉大学教授。
　主　著　『「おんなじ」が生み出す子どもの世界——幼児の同型的行動の機能』（単著）東
　　　　　洋館出版社，2021年。
　　　　　『保育現場の人間関係対処法——事例でわかる！職員・保護者とのつきあい方』
　　　　　（共編著）中央法規出版，2017年。

アクティベート保育学⑥
保育内容総論

2025年3月1日　初版第1刷発行　　　　　　　　〈検印省略〉

定価はカバーに
表示しています

監 修 者　　汐　見　稔　幸
　　　　　　大豆生田　啓　友

編 著 者　　大豆生田　啓　友
　　　　　　北　野　幸　子
　　　　　　砂　上　史　子

発 行 者　　杉　田　啓　三

印 刷 者　　江　戸　孝　典

発行所　株式会社　ミネルヴァ書房
607-8494　京都市山科区日ノ岡堤谷町1
電話代表　（075）581-5191
振替口座　01020-0-8076

ISBN978-4-623-09690-9
Printed in Japan

アクティベート保育学

汐見稔幸・大豆生田啓友　監修

A5判／美装カバー

1．**保育原理**
汐見稔幸・無藤隆・大豆生田啓友 編著
本体2000円

2．**保育者論**
大豆生田啓友・秋田喜代美・汐見稔幸 編著
本体2000円

3．**子ども理解と援助**
大豆生田啓友・久保山茂樹・渡邉英則 編著

4．**保育・教育課程論**
神長美津子・戸田雅美・三谷大紀 編著

5．**保育方法・指導法**
北野幸子・那須信樹・大豆生田啓友 編著

6．**保育内容総論**
大豆生田啓友・北野幸子・砂上史子 編著
本体2000円

7．**保育内容「健康」**
河邉貴子・中村和彦・三谷大紀 編著

8．**保育内容「人間関係」**
大豆生田啓友・岩田恵子・久保健太 編著
本体2000円

9．**保育内容「環境」**
秋田喜代美・佐々木正人・大豆生田啓友 編著

10．**保育内容「言葉」**
汐見稔幸・松井智子・三谷大紀 編著

11．**保育内容「表現」**
岡本拡子・花原幹夫・汐見稔幸 編著
本体2000円

12．**保育・教育実習**
矢藤誠慈郎・髙嶋景子・久保健太 編著
本体2000円

13．**乳児保育**
遠藤利彦・髙嶋景子・汐見稔幸 編著

14．**障害児保育**
榊原洋一・市川奈緒子・渡邉英則 編著
本体2000円

アクティベート教育学

汐見稔幸・奈須正裕 監修

A5判／美装カバー

1．**教育原理**　木村 元・汐見稔幸 編著
2．**現代の教師論**　佐久間亜紀・佐伯 胖 編著
3．**現代社会と教育**　酒井 朗 編著
4．**教育経営**　天笠 茂 編著
5．**教育制度を支える教育行政**　青木栄一 編著
6．**発達と学習の心理学**　松木健一・奈須正裕 編著
7．**特別支援教育**　廣瀬由美子・石塚謙二 編著
8．**教育課程論**　澤田 稔 編著
9．**道徳教育の理論と実践**　上地完治 編著

10．**総合的な学習の時間**　奈須正裕・田村 学 編著
11．**特別活動の理論と実践**　上岡 学・林 尚示 編著
12．**教育の方法と技術**
江間史明・黒上晴夫・奈須正裕 編著
13．**教育相談**　家近早苗・田村修一・石隈利紀 編著
14．**生徒指導・キャリア教育**
八並光俊・藤田晃之・石隈利紀 編著
15．**教職のための憲法**　斎藤一久・城野一憲 編著

（2019年春より順次刊行）

―――――――――― ミネルヴァ書房 ――――――――――

https://www.minervashobo.co.jp/